CO$_2$

*La obra de arte es la única
victoria definitiva.*

Nicolás Gómez Dávila

CONSTANTIN VOLKE

CO$_2$

Impressum

© 2018 Constantin Volke
Herstellung und Verlag: BoD – Books on Demand, Norderstedt.
ISBN: 9783746035840

überarbeitete Version, 2020

INHALT

Vorab 9

123 11

Dissentia 39

Werk und Sieg . . 101

Anhang 149

VORAB

„Dieses Buch will keine Systeme, keine Weltanschauungen, keine Erledigungen bringen; es wollte das nicht einmal in dem Falle, dass der Verfasser Endgültigkeiten auf geistigem Gebiete für möglich oder auch nur für wünschenswert hielte. Man nehme es einfach als Tagebuch, besser noch als eine Reihe von Bemerkungen, die anlässlich von Erlebnissen, öfter noch aus einer augenblicklichen Stimmung heraus aufgezeichnet wurden."

Arthur Schnitzler, *Buch der Sprüche und Bedenken*

„Es kam mir auf etwas ganz anderes an ...; vielleicht den Hitzegrad; oder den Härtegrad."

Ludwig Hohl, *Die Notizen*

„Der westliche Leser, aufgerieben von der feigen Besessenheit des „politically correct*", geblendet von einer Flut von Pseudo-Informationen (...), vermag es nicht mehr, Leser zu sein; er vermag es nicht mehr, der bescheidenen Bitte eines vor ihm liegenden Buches nachzukommen: lediglich ein Mensch zu sein, der selbstständig denkt und empfindet."*

Michel Houellebecq, *Interventionen* (aus dem Französischen)[1]

123

Ma spécialité, c'est mon esprit.[2]

Paul Valéry

Mein Spiegelbild ist schöner als ich.

Parodie fußt auf der stärksten Kenntnis.

Was immer du in dir findest, es gehört schon der Welt an.

Das neue Denken ist möglich und überfällig. Weil ich hinterherhinke, kommt mir die Welt veraltet vor.

Wo nur ein Entweder-oder ist, spricht das Leben wohltuend zu uns.

Das Leben, die Zeit, das Sein –
Es gibt gar kein Geheimnis!
Wir legen es selber hinein.

Wo nur Dunkelheit ist, kann ich mich auf Dauer besser zurechtfinden als bei jenen dubiosen Lichtern, die ab und an die Dunkelheit durchflackern.

Der Winter möchte nicht demütigen. Dunkler sind künstliche Lichter.

Dass ich lebe, ist ein Beweis, ich weiß jedoch nicht genau, für was. Dass ich *noch* lebe, ist ein Beweis, …

Ein Lächeln kostet nichts, und man kann damit auch bezahlen.

Nicht einmal das Grab hält ewig. – Erste echte Lektion der Vergänglichkeit.

Die Welt ist nicht eingerichtet für starkdenkende Wesen.

Anders denken und fühlen als alle anderen: bald absolute Verlorenheit, bald einzige Rettung.

Alltag ist überall möglich und nirgends notwendig.

So konkret er die Notwendigkeit des Sprungs erfuhr, so abstrakt blieb dessen Vollzug.

Solange ich immanent bleibe, ist der Sprung unmöglich. Sobald ich ihn tue, einfach.

Er hat das Talent, sich an ihr aufzureiben, während sie ihn streichelt.

Er interpretierte Anderer Hinweisen auf seine Kraft und Freiheit dahingehend, dass er eine Art Gott sei – spürte sich nicht am Ausgangspunkt all seiner wahren Kraft und Freiheit: an seiner Begrenztheit.

Wie sich plötzlich alles weiten kann im lebendigen, unmittelbaren Bewusstsein für die eigene Begrenztheit!

Aufrechterhaltende Mechanismen liegen nie ganz bei einem selbst.

In eines Kindes Blick ist die ganze Welt enthalten.

Kinder finden alles real. Wird man des Bewusstseins für eine Illusion fähig, schwindet auch das Gefühl für das Reale.

Du schwelgtest in einem neuen Erleben, es schien dir mächtig genug, damit es dauerhaft einen Schalter umlege und dein Leben von nun an verändert sei. Doch es war singulär, vergänglich, wie alles und immer. Der Schalter ward nicht dauerhaft umgelegt. Das Erleben verklang und alles war wieder so wie früher. Alles? – Es blieb die Erkenntnis der Möglichkeit solchen Erlebens überhaupt – dies hat dich verändert.

Vielleicht unterliegst du vielen Irrtümern, die dich im Leben fehlleiten, und nur *einem* Irrtum, der dir das Leben unerträglich macht.

Ungefragt ins Leben geworfen, muss man auch noch mit dem Tode klarkommen.

Ich bräuchte nicht das, was ich brauche.

Ich nehme meine Ansprüche gerne mit ins Grab. Jedweder Kompromiss mit dem Leben selbst wäre mir völlig zuwider.

„Lebensferner" Träumer?

Man kann die Sache auch so sehen: Der Träumer hat eine besonders kühne Vorstellung von der Wirklichkeit, höchsten Sinn für Pragmatismus und den schlichten Wunsch nach Einfachheit. Den mag ich nicht lebensfern nennen.

Grundlegende Klarsicht: im Nebel stehend ihn erkennen.

Seine Linse ist klar und hat höchste Brechkraft: Sein Blick erfasst selbst das für gewöhnlich zu Nahe.

Schein kulminiert in der Ordnung.

Wie oft ist noch im sichersten Getriebe des Menschen Triebfeder die Angst.

Ist Handeln der Erkenntnis Blüte, vernichtet die Angst sie im Keim.

Die Angst selbst ist immergrün.

Zwischen Wille zur Erkenntnis und Erkenntnis findet kein Dialog statt. Deshalb ist jener nicht totzukriegen, selbst wenn diese ihre eigene Nichtigkeit offenlegt.

Freude am Erkennen steht höher als Erkenntnis.

Und so überholt, trivial, klein eine Erkenntnis sei: Im Erkennen liegt immer etwas Großes.

Wenn ihn nicht alles so ängstigen würde, würde er erkennen, dass er sich vor nichts zu ängstigen braucht.

Wie viel Kraft man im kleinen Finger hat, wenn man mit ihm an einem Seil über einem Abgrund hängt.

Eine Verletzung im Seelischen ist als tödlich zu bezeichnen, wenn sie per Stich zugleich jeglichen reaktionären Ausdruck verunmöglicht.

Dem Ausgehungerten ist nicht mit gedecktem Tische zu helfen.

Die Arbeit, mit der ich mich identifiziere, ist unbezahlt. Die Medizin, die mich von Krankheit heilte, ein am See wachsendes Kraut. Ein zufälliges Gespräch mit einem Unbekannten ward mir zur wirksamen Psychotherapie. Mein wahrer Freund ist ein Kind.

Der endgültig Angekommene will den Tod.

Man kann der Angst mit der Vernunft entgegensteuern –
wo jene sich nicht als diese ausgibt.

Der Geist der Revolte ist *bewahrend*, wo ein Mensch das
Aufheben der Resignation unterlässt. Was will hier be-
wahrt werden?

In der Freude ohne Grund, im Weinen ohne Grund, hat
das Leben selbst mich ergriffen.

Wohl spürte er, dass sein Herz schnell schlug, nicht aber,
dass Freude der Grund war.

Er ist über die Jahrzehnte viele Tode gestorben. Er ist zu
stark für diese Welt.

Seine Lebenserfahrung bestand darin, häufig einen Tod gestorben zu sein.

Die Gefahr zu stolpern nimmt auf den letzten Metern zu.

Was überwunden worden ist
Schleicht gern sich wieder ein mit List.

Den Unterschied zwischen Faulheit und Schlaffheit erkennen ist einer der höchsten geistigen Gipfel.

Dass ich keine Regung erfahren kann, ohne ihre Vollendung zu denken, ist nichts als des Geistes Bewegung selbst.

Kontrast hängt vom Licht ab.

Sterne: Entweder sie strahlen, oder sie gehen unter ihrer eigenen Kraft zugrunde.

Es wäre ein Verzeichnis zu erstellen aller Kuriositäten des Tierreichs: darin die neuseeländische Heuschrecke, die den Science-Fiction-Gedanken des Menschen vorlebt und sich für eine Zeit einfrieren lässt; darin auch irgendein heute, im Jahr 2017, im nördlichen Atlantik schwimmender Eishai, der zur Zeit Bachs oder Spinozas geboren wurde.

In der Namaqua-Wüste gibt es fast das ganze Jahr über Überlebenskampf der härtesten Art, plötzlich, nach einem Regenfall, blüht es dort für wenige Wochen und es gibt Nahrung für alle im Überfluss.

„Heute im Wald bewegte ich mich auf einem Weg, der war so unbegangen, dass quer über ihn auf der Höhe meiner Knie Spinnennetze gesponnen waren."

– „Ich ging neulich auf einem, da waren nicht einmal Spuren von Spinnen zu sehen."

Im letzten Augenblick am Käfer vorbeilenken, und ihn mit dem Hinterrad überfahren: So waltet das Leben.

Herkulisch: Er tat den Sprung von der Irritation über ein Ding hin zur Freude über dasselbe.

Resignieren wollen, aber nicht können – ist das nicht der schlechthinnige Beweis für die ewige Urkraft?

Was nicht aus der Trägheit heraus entsteht, hat auch nicht genug Schwere, um zu bestehen.

Die kraftlose Revolte ist keine mindere.

Was sich nicht aufdrängt oder zumindest sich nicht willig entdecken lässt, kann ich nicht achten. Was freilich nicht heißt, dass ich alles, was sich aufdrängt, achte. Gott behüte!

In einem Film das wunderschöne Wort gehört: „Die Boten sind immer da. Wir können sie nur nicht sehen."

Paradox ist, dass die Widerlegung des Solipsismus ich nur selbst vollbringen kann.

Den einen Sonnenstrahl, den ich ohne Wehmut empfinde, erfinden 1000 Sonnen nicht.

Was für ein Pessimist: Es musste zur absoluten existenziellen Grenz- und Leidenssituation kommen, damit er erst den Optimismus ausgrub aus den Tiefen seiner Seele.

Einer wollte einen Hilfeschrei loslassen, aber es fiel ihm keiner ein.

Weil ihm nichts einfiel, das er verändern könnte, kam er zum Schluss, dass alles gut sei.

Diagnose: *subpsychotisch*. Kein schärferes Auge blickt in die Welt.

Ohne Humor tragen wir die Welt nicht.
     Hast du nie losprusten müssen, weil du sie schrecklich humorlos fandst?

Nicht *gesund* bleiben – *schön* bleiben ist das Wichtigste, denn sonst nützte ja alle Gesundheit nichts.

Der Weg sei das Ziel. Doch bereits dieser Weg scheint oft unerreichbar. Also gelte es, einen Weg zu diesem Weg zu finden. Es ist auch schon der Weg zum Weg zum Weg ein Weg.

Geh vorwärts, fröne Neuem!

Aber wer das Neue nie sah, das sich zeigt, nachdem man kehrtgemacht hat, weiß der, was ein Weg ist?

Es gibt keine Alternative zum Träume-Verfolgen.

In allem Toten ist noch ein Lebendiges
Durch manche Unbeständigkeit Beständiges.

Es gibt eine Eitelkeit, die den Optimismus verschmäht.

Wenn ich in meiner besten Form einigermaßen gut wirke, läuft es wahrlich blendend zwischen mir und der Welt.

Das Ursprüngliche ist ohne Widerstand.

Dass der unruhige Denker sich einmal zur Überzeugung durchgerungen habe: *Es gibt kein Verpassen.*

Sisyphos glücklich? Das ist freilich absurd. Aber anderem Glück ist nicht zu trauen.

Bedingt durch Überfülle schlitterte er in die Leere.

Ein biografischer Vorfall kann über deine Weltanschauung entscheiden.

All deine Gründe werden eines Tages nicht mehr gelten; die Frage ist nur, ob du dann noch die Kraft habest.

Erst wenn du nicht nach Gründen fragst, hast du dich entwickelt.

Man kann zu lächeln begonnen haben auch, weil einem der Ernst über den Kopf gewachsen ist.

Wir gelangen ins Leben in den Momenten, da wir es als das schlechthin Unbekannte begreifen.

„Die Angelegenheit steht gänzlich nicht in meiner Macht!", sagte er und konnte sich so überhaupt konstruktiv zu ihr positionieren.

Ich gönne der Natur ihre regelmäßigen Siege.

„Wie verzweifelt muss er sein, dass er sich in die Vergangenheit flüchtet!" – Wie klein muss dein Geist sein, dass sie dir kein Leben spendet.

Wider den Leugnern der Vergangenheit! Die schöpferische Beziehung zur Vergangenheit ist selbst eine große Gegenwart.

Was ist eine Narbe? Das verlässlichste Abzeichen davon, oder der Beweis dafür, dass etwas existiert.

Nicht existierte. Existiert. Die Narbe stimmt auf einer höchsten Ebene versöhnlich.

Alles Vergangene ist in der Art, wie es mich formte, gegenwärtig. Aber diese Gegenwart will beschienen sein.

In der Trauer lächle. In der Angst ebenso, im Ekel und im Hass übe dich im Lächeln.

In der Wut verbann es, unter Einsatz deines Lebens.

Er bekam einen Begriff von seiner Traurigkeit, als er in ihr zu tanzen begann.

Wut macht den Menschen edel.

Man kann sich immer selbst überraschen. Leitspruch.

Man ist nie überm Berg. Warnung.

„Ich sehe das Schicksal in der Pflicht." – Satz der Revolte.

Die Lähmung verschwand und er sprang besonders weit.

Der Schlaf ist eine Auszeit vom Leben. Der Traum pfuscht darein.

Selbstverständlich kann man zwischen der Erde und etwa dem Jupiter einen kategorischen Unterschied sehen, aber wer ihn nicht aufzuheben imstande ist, versteht nichts vom Lebendigen.

Wie könnte er leugnen, dass er indessen Reife, Selbstbewusstsein, Stärke, Erkenntnisse, Anziehungskraft erlangt hat? – Aber sein Leben war früher besser…

Wie ein ewiger Schmutzfleck war das Ereignis X in seiner Lebensgeschichte, zugleich jedoch die gründlichste Reinigung: Denn es fegte aus seinem Geist den letzten Fetzen Idee.

Nach dem ersten Quantum Zeit … entstand das Leid.

Aber aus der Freude entsprang alles, sie ist aller Quanten Ursprung.

Existieren ist Tangente. Wir streifen das Leben nur.

Sein ist rekursiv.

Die Seele ist blind für den Unterschied zwischen Möglichkeit eines Teils und Möglichkeit des Ganzen. Auch zwischen Möglichkeit und Wirklichkeit.

Wozu Phantasie? Um dich an einen besseren Ort zu bringen. Was siehst du dort? Keine Feen. Du siehst, was du immer sahst, dich immer umgab, das Tastbare, das Banale, Verfügbare – *siehst es neu*.

Im Frühling ist leicht verkünden, dass man die Natur liebe.

Es geht nichts über ein bestimmtes, überzeugtes, rebellisches *„Vielleicht"*.

„Nur Gott weiß …" – Und wenn der Satz „Ich weiß es nicht", in seinem ursprünglichsten Sinn, von Gott selbst stammte?

Als sein Abbild schuf er den Menschen? Da dürfte Gott einen schwachen Moment gehabt haben.

Das ist keine gute Fee, die ihm den Raum mit wunderbaren Bildern aufgeschlossen hatte, an welchen er sich schließlich sattsah.

Der Mensch ist der eigentliche Versuch der Natur.

Sein Lächeln kommt automatisch, es ist antrainiert, konditioniert – und doch von ungemeiner Schöpferkraft, als deren Ausdruck es den Raum erfüllt.

Mut überkam ihn, und er schrie hinaus, wie sehr er das Leben liebe.

Kinder sind die Menschen mit dem größten Verantwortungsbewusstsein – für das Sein.

Das Antlitz der Wirklichkeit ist oft schrecklich alt und starr. Erfahren zu haben, dass im eigenen Denken Lernen und Entwicklung möglich sind (und durch das eigene Denken Bewegung möglich ist), tröstet und lässt hoffen.

Beschränktheit durch die Sinne, Wissen um mikrokosmische Prozesse: Die Wirklichkeit, wie wir sie wahrnehmen, ist nicht die eigentliche. Welcher Trost auf Abruf!

Nur auf der Schmalheit lebt man das volle Leben.

Jeden Tag zieht er aus, um die Welt zu erobern. Doch bewusst wird ihm sein Plan erst immer am Abend, wie er, mit Anstrengungen sich abgearbeitet, der Welt Veto, sie lasse sich nicht einfach erobern, erhört. „Ich sollte von solch hohem Plan abkommen", ist vor dem Zu-Bett-Gehen sein Vorsatz, welchen er über Nacht vergisst.

Ist er zu bemitleiden oder zu beneiden?

Die Zeit ist dein größter Zuarbeiter. … Wenn du ein gro-
ßer Arbeiter bist.

Echte Arbeit ist der Faktor $1/t$.

Was immer du auch erwerbest, es hat Kosten. Was immer
du auch erreichest, du lässt Federn. Hab erworben und
hab erreicht; mit bester Ausstattung schließlich schickst
du dich an, die Welt zu erobern, und sackst auf den ersten
Metern zusammen aus natürlicher Gebrechlichkeit.

In einem Traum ging ich zurück in die Vergangenheit
und *machte es besser*. Einen bessern hatte ich nie gehabt.

Einen Schritt ist der Abgrund entfernt; einen halben die
Rettung.

DISSENTIA

A titre personnel, il me semble que la seule voie est de continuer à exprimer, sans compromis, les contradictions qui me déchirent.[3]

Michel Houellebecq

Keine Avancen des andern Geschlechts
Kein Freund mag mit mir schreiten
Wie gültig ist das Wort Bert Brechts:
„Wirklich, ich lebe in finsteren Zeiten!"

Heutzutage gibt es für alles ein Seminar, auch für das natürliche Ausleben von Sexualität.

„Überflussgesellschaft". Es ist heutzutage keine Kunst, sich am Sexuellen sattzuhungern.

Ich habe etwas zu essen. Ich habe etwas anzuziehen. Ich sorge mich darum, dass ich etwas auszuziehen habe.

Ihre Schönheit ist wahr; diese Wahrheit kann schrecklich sein, für mich und sie selbst.

„Schläft die Lust ein, erwacht die Melancholie.", sagt Deschner. Ich habe beide Übel zusammen.

„Nur in ein existenzielles Vakuum hinein wuchert die sexuelle Libido.", sagt Frankl. „Wuchert", das ist treffend. „Nur", das ist falsch.

Sade. Historisches Bewusstsein für die Lust am Schmerz. – Aber *Schmerz der Lust* – war der denn zu allen Zeiten schon bewusst?

Eros als Dämon, halb Gott, halb … *Teufel.*
   Mensch, Plato!

Eros ist nur ein Tarnname für einen Kriegsgott, und wo auf seinem Schlachtfeld Unzählige ihre Waffen spielen lassen, ist jeder menschliche Makel ein Moment des Friedens.

Moment des Friedens: Aschenbach sieht Tadzios Zähne.

Die makellose Schönheit ängstigt, und wie sie, aufgesaugt durch gierige Augen, das Gehirn und den ganzen Körper okkupiert, fußt der Vorgang doch wesentlich auf Blindheit.

Es gibt Reize, vor denen kann nichts mehr gelten.

„Komm, lass uns abhauen, in eine Welt des Rausches, hergestellt durch unsere eigenen, banalen Körper, über welche wir hier und jetzt verfügen."

Ich wähnte, sie sehe entzückt mir nach, doch war ich längst schon im toten Winkel.

Ihre Aufforderung war, dass er mit ihr spiele, ihre Wirkung lähmend.

Ich kann mich an deinen Augen nicht sattsehen. Aber wenn du mich anblickst, kann ich nicht standhalten.

Auf meinen Versuch, ihn mit seinen eigenen Waffen zu schlagen, zückte selbige er gelassen.

„Sexismus": ein Begriff, der über einer Vielzahl moralischer Scheinprobleme steht. Ich möchte niemals hören, der oder jener sei sexistisch. *Die Welt* ist sexistisch.

Erotoma(n)ya. So viel Schein ist dieser Raserei nicht angemessen.

Eine Illusion, die sich als solche entlarven lässt, aber immer wieder neu formiert, ist eben keine Illusion.

Dieser ewigwährende Schein ist letztlich verlässlicher als jedes Sein.

Das Sexuelle ist das am stärksten sich in den Vordergrund Drängende, das ich kenne. Jedoch

Φύσις κρύπτεσθαι φιλεῖ.[4]

So sei denn das Sexuelle der Täuschung überführt.

Das Sexuelle ist das Wahre, dafür verbürgt es, sobald es die Bühne betritt. Aber es lässt mich am Wert aller Wahrheit zweifeln.

Der leidende Amor. Das erste Mal sahen sie sich im Café. Ihre Blicke trafen sich mehr als einmal, und beiderseitiges Lächeln besiegelte das gegenseitige Interesse. Leider zögerte er, sie anzusprechen, als sie an ihm vorbeigehend schließlich das Café verließ.

Eine halbe Stunde später, in der Einkaufsstraße, ging er in einen Laden und sah sie aus einiger Entfernung. Von ihr unbemerkt, zögerte er erneut. Sie ging zur Kasse, bezahlte und verließ den Laden. So verstrich auch diese Gelegenheit.

Am Brunnen mitten in der Altstadt sollten sie sich kurz darauf ein weiteres Mal begegnen. Er sah sie schon von weitem kommen, und als sie in seine Nähe kam, wurde sie auf ihn aufmerksam, was sie mit einem vorsichtigen Winken äußerte. Er ging auf sie zu und sprach sie an. Das Gespräch verlief etwas schleppend, er hatte offensichtlich Mühe, Worte zu finden. Davon unberührt blieb jedoch die beiderseitige Zugewandtheit, in welcher sie sich nach ein paar Sätzen auch verabschiedeten – und jeder wieder seines Weges ging, mit einem nicht zu leugnenden Gefühl aber der Wehmut, dass nicht mehr aus dieser Stunde hervorgegangen war.

Indessen waren im Himmel deutlichere Gesten zu vernehmen. Die Götter hatten, was sich dort unten abspielte zwischen Mann und Frau, mit Staunen beobachtet. Es war Amor, der sich aus ihnen hervorat, und fassungslos kopfschüttelnd sich erklärte: „Mehr kann ich nicht tun."

Für jede verpasste oder vertane Gelegenheit wird stillschweigend auf ein Konto eingezahlt, im Himmel ein Fest vorbereitet.

Die Flüchtigkeit verleiht dem interessanten Reiz göttlichen Status. Welche Gottheit hätte je sich lang und breit gezeigt?

Nicht Größres wünsch' ich als
Dich einfach bloß ein wenig länger sehn
Es reichten vielleicht schon Sekunden.

„Und das Wort ward Fleisch" (Joh 1,14). – Ich möchte so gerne einmal erleben, das Fleisch beim Wort nehmen zu können.

Reiz vorsätzlich – Reaktion unerwünscht.

Sie wollen nicht, dass man sie als Objekt sehe, und vollbringen ihre Objektivation.

„Si je me promène cul nu, c'est pas pour vous séduire."
Am Ende will sie gar bloß sich selbst gefallen.[5]

Kleider-Ordnung. Schwer zu tragen, was sie heute wieder tragen oder nicht tragen.

Wann werden die Männer auf die Barrikaden steigen? Jede Frau im dünnen, weißen Kleid ist ein Skandalon, ein Grund für eine gewaltsame Revolution.

Ein Dichter spricht.

(1)
Dass sie sich nicht ihrer nackten Schenkel schämt!
Dieselben in mir Lust erwecken, welche lähmt.

(2)
Das Zeigen deines Podex
Ist wider jeden Kodex.

(3)
Über zwei Bananenfalten
Wird der Arsch verdeckt gehalten.

Inmitten dieser Absurdität durch all die Halbnackten auf der Straße – endlich verstehe ich! –: Es geht um die Züchtung des Übermenschen in mir.

Doch nicht den *Gedanken* an die ewige Wiederkehr gelte es für den heutigen Übermenschen auszuhalten, sondern sie selbst – die ewige Wiederkehr *nicht verfügbaren Fleisches*.

Schlimm, dass ich mir das Versöhnliche immer dazudenken muss, ausgerechnet hier, *an der einzigen Schwachstelle meines Denkens.*

Dass das Schöne vollkommen nutzlos ist, heißt nicht, dass es nicht schaden kann.

Zu Tische, es ist angerichtet! Duftender, saftiger Braten, feine Soßen, knackiges Gemüse, nährend, lindernd, reich, guttuend, mundend und sättigend, in allerhöchstem Maße! – Doch keiner kommt, zu essen.

Beleidigung auch für den Koch. Wer hier hungern will, muss dumm sein.

Dass sie nicht an Unterernährung sterben, muss verwundern.

Wenn Hohl sagt, „Liebe" sei das „verhurteste Wort", so hat er garantiert recht. Ich hasse zudem auch die Wörter „Lust" und „schön". Ich hege die radikalste Überzeugung, dass diese Begriffe aus dem Gedächtnis eines jeden Menschen gestrichen gehören, unverzüglich und unumkehrbar, damit die Menschheit gezwungen wäre, neue Begrifflichkeiten, eine neue Sprachform für jene „Liebe", „Lust" und „schön" zu entwickeln. – Oder auf ewig darüber zu schweigen.

Dass die Sexualität ein Übel ist, macht sich dadurch kenntlich, dass sie ständig fordert, was nicht in die Wirklichkeit hineinpasst, und nichts hält von dem, was sie verspricht.

Möge er mich töten! Aber wie ich im Verenden ihn anblicke, das wird er nie vergessen können.

Eros ist die ontische Form, in welcher Sein und Schein miteinander kopulieren.

Das Lächeln Schöner hier und da macht mir wohl das Herz auf – *schneidet* es nämlich auf.

Wenn die Flut der Reize nicht abklingen will, so breche wenigstens der Damm.

An einem heißen Sommertag ermangelt so manchem Mädel eines Bewusstseins dafür, wie ihr Körper in leichter Bekleidung und locker-bequemer Sitzhaltung dem geneigten Manne erscheine: So konnte ich heute mal wieder etwas sehen, das ich auch sehen wollte; das konnte sie aber unmöglich zeigen wollen.

Was für ein widerlicher Perverser, der ihr, wiewohl er sie nicht kennt, grüßend hinterhersieht.

Einen Arsch in der Hose hat der Mann, der die 135 Grad nicht scheut, die sein Kopf sich drehen muss, um auf den Arsch einer vorbeigelaufenen Frau zu blicken, und dabei riskiert, den Kopf zu verlieren.

„Das von selbst Verständliche wird gemeinhin am gründlichsten vergessen und am seltensten getan.“ (Morgenstern) – Welcher banal anmutende, jedoch tiefe Satz! Er weist in alle Lebensbereiche, nicht zuletzt dahin, dass Mensch und Mensch einander unbefangen kennenlernten und leidenschaftliche Kontakte pflegten.

Lächeln gehemmt vom Erschrocken-Sein. Weicht dieses, ist die Situation verflogen. So kommt man nicht zu einem Ergebnis.

„Ein bisschen Spaß haben"? Beim Sex hört der Spaß auf. Ich kenne keine ernstere Angelegenheit als Sex.

Solange du so oft ins Leere zielst, unterstelle ich dir, dass es gar nicht dein Ziel sei, zu treffen.

In ganz seltenen Momenten aber denke ich, dass du genauso weinst, wie ich. Dann wären wir Verbündete gegen einen gemeinsamen Feind: unser Zeitalter.

Dein Einsatz sei übermenschlich (oder unmenschlich), dann bekommst du – vielleicht – Allzumenschliches.

„Man kann nicht alles haben." – Ich finde mich nur nicht damit ab, nichts zu haben.

Für einige Sekundenteile eröffnete sich ein punktförmiges Schwarz, das mir gleichsam die Mitte der Welt war.

Die Falschheit im Sehen ist der Entfernung des Reizes *überproportional*.

Weil das Dahinter-Blicken oft Sprenggewalt, Stahlbohrung erforderte, deshalb bin ich kein Freund davon.

Aufbrechende Kraft erzeuge man durch sich selbst. Dann ist der Sieg nicht weit.

Sie guckt immer wieder rüber, aber das kann alles heißen. Im begierigen Blick eines Mannes ist der Tod enthalten.

Die Summe aller von mir erlebten Blickkontakte, die Bedeutung hatten, ist eine Kraft, die Zivilisationen zerstören, Gestirne sprengen könnte; *noch immer* aber lebe ich. Das Leben ist ein Wunder.

Dass es heute an nonverbaler, körperlicher Kommunikation mangele, stimmt gar nicht. Unaufhörlich senden einander Mann und Frau Signale. Das häufigste und deutlichste Signal: keines zu senden.

„Ich find' dich süß!": banal gesprochen.
Doch hätte dies den Damm gebrochen.

Elementarste Kraft, eindeutige Richtung, unerklärliche Widerstände.

So dringend nötig, so unendlich möglich, so selten wirklich.

Sich entfaltenden Geist, *Wirkungen*, gibt es ständig, es ist nicht, dass es an ihnen mangele. Aber weil wir nicht wirken *lassen*, nicht *ausschließlich* wirken lassen, und nicht jede Wirkung Ursache werden und diese Ursache *neue* Wirkung werden lassen, deswegen … –

Einmal sich auf einen Blickkontakt einlassen, sich ihm völlig hingeben, und alles könnte gerettet sein...

Dass sie mein Weltbild geprägt haben – geschenkt. Aber dass sie selbst es nach Belieben hin und wieder kurz erschüttern, verlangt mir das Höchstmaß an Wendigkeit ab.

In einem Paralleluniversum gibt es weniger Freiheitsgrade, zwingende und eineindeutige Kausalbeziehungen zwischen Kräften und Energien: Dort lieben wir uns unter heftigsten Leidenschaften, jetzt im Moment und für alle Zeiten.

———————————

—————

Er tut dies, er tut das – um einer Gesellschaft zu gefallen, die kein Organ dafür hat, ihn überhaupt zu sehen.

Einer der am weitesten verbreiteten, dabei unbemerkten, latenten und ebenso schädlichen Irrtümer: dass der Mensch stark sei, dass der Mensch wisse.

Sie denken ans Alter („Sicherheit") und nicht an den Tod. Ich denke an den Tod aber nicht ans Alter.

Es scheint zuwcilen, als gingen sie gar davon aus, dass das Einzahlen in eine Rentenkasse ewiges Leben verbürge.

Das unfreiwillige Mithören Anderer Unterhaltungen, oder wie jemand telefoniert (*„Handy: Während die Menschen früher ihren Hirnmüll vom Wohnzimmer aus transferierten, verrichten sie heute in aller Öffentlichkeit ihre geistige Notdurft."* – Kaplan): mitunter brutale Vergewaltigung meines Gehörs und Geists. Ein gleichmäßiges Hintergrundgeräusch, etwa der Motor eines Zugs, nicht zu laut, aber laut genug, kann eine selige Wirkung haben und möge in solchen Momenten meine grenzenlose Dankbarkeit gezollt bekommen.

An diesem Wochenende war sie in Hamburg, am nächsten reist sie nach Köln, eine andere Freundin besuchen. Morgen wieder Vorlesungen. Ab und zu liest sie in einem Roman. Jetzt sitzt sie im InterCity Express und wippt mit ihrem Fuß, schauend mal hier-, mal dorthin.

Der Schirm. Ich hatte im Kabinenbereich eines Schwimmbads meinen Schirm verlegt. Als ich nach zweistündiger Badezeit zurückkam, bemerkte ich den Verlust und schaltete eine freundliche Reinigungskraft ein. Sie hatte den Schirm in der Tat hängen sehen und vermutete ihn an entsprechender Stelle in einem Spind, welcher verschlossen war. Es gelang ihr, den Badegast aufzuspüren, dessen Sachen in diesem Spind waren: einen älteren Mann, welcher nun etwas mühsamen Schrittes herkam. Er schloss den Spind auf und gab mir meinen Schirm, woraufhin ich mich ausdrücklich bedankte und ihm einen schönen weiteren Aufenthalt im Bad wünschte. Der Mann sah mich an, als hätte ich ihm etwas weggenommen.

Das sicherste Kriterium. Nie konnte ich einen Menschen, der im Zug oder auf einer Bank sitzend ein Buch liest, als hässlich empfinden.

Wer liest, strahlt Friede, Größe, Liebe usw. aus.

So simpel wie wahr: die Verschobenheit. *Eure* Zone ist mein Leiden, auf *meiner* fußt das Werk, und in der Überlappung sind wir ununterscheidbar.

Er finde Autor X ausgesprochen interessant, von einer Leseprobe von dessen neuen Werk sei er begeistert gewesen, nur Zeit, ja, habe er leider keine, um zu lesen.

… Jahrzehnte verstrichen. Zu einem Leser wurde er nimmermehr.

Glatt waren nicht nur seine Schuhe. In der Unterhaltung, die er mit seinem Arbeitskollegen führte, und welche ich mithörte, bekam ich wieder einmal eine Idee vom modernen Manne, der mit beiden Beinen im Leben steht. Er reist in Großstädte, kennt alle möglichen Fluglinien und vor allem die Preise – wie spannend und zugleich günstig doch das Leben ist, könnte man da heraushören. Er möchte sich im Oktober eine Woche Urlaub nehmen, um seiner Frau London zu zeigen.

Kurse, Kosten, Ausgaben, Teuerheiten, Günstigkeiten – diese Themen füllen so manches Gespräch, nicht nur zwischen Geschäftskollegen.

Winzig der Vorrat, aus dem das Gesprächsthema geschöpft wird: So sehr *können* sie ihren Beruf gar nicht lieben…

Ein System mag dir Orientierung, Halt, bisweilen Wege, sogar Sinn geben. Aber all das kann nur um den Preis des Verlusts deines Selbstdenkens geschehen.

Es ist dem gemeinen Gedankengut zuzuordnen, Arbeit gleich welcher Art habe auch den Nutzen, vom übermäßigen Denken abzulenken.

Die Kunst besteht nicht darin, *dahinter* blicken zu können; der und dem ein Lächeln abringen zu können; die steinerne Fassade bröckeln zu machen; dem Menschlichen zum Einzug zu verhelfen. – Die Kunst ist, so durch die Straßen zu gehen, damit der Andere ebenjene, vermeintliche Kunst gar nicht nötig hat.

Tattoos. Diese großflächige Zerstörung natürlicher Schönheit nimmt epidemische Ausmaße an.

Jedem sein Anliegen. Ein hässlicher Hund springt mich an und sein Herrchen ruft mir zu: „Der will doch nur spielen!" – Ich will doch nur hassen.

Mancher mag tatsächlich bloß spielen wollen, und nur aufgrund seiner Hässlichkeit vermag ich das nicht zu sehen. Was bin ich oberflächlich!

Ein lieber Hund ist einer, der mich eines lieben oder keines Blickes würdigt.

Wenn du, während du dich fortbewegst durch diese Trostlosigkeiten in deiner Stadt, nur selten lächelst, so ist dir schon eine Grundfröhlichkeit zuzuschreiben.

Wo aus einem Kindermund das Wort zum Gruße mir ertönt, kann die Welt noch nicht verloren sein.

Haltung, Haltung! Ach – wenn doch auch der *Geist* in der Vertikalen ausgerichtet wäre…

Wer will hier Ruhe und Luftqualität einfordern? Man muss doch auch an jene denken, die gehörigen Ausmaßes an Lebenssinn verlustig gingen, wenn es ihnen gesetzlich untersagt wäre, mit ihren motorbetriebenen Zweirädern herumzufahren (den lärmenden und stinkenden, welche kein denkender und fühlender Mensch auszuhalten vermöchte).

Die Straße ist der eigentliche Ort der Hölle.

Das Auto ist schrecklich, widerlich, furchteinflößend. Es ist Welten entfernt von der Anmut des Schiffs und des Flugzeugs, welche ganz dem Element sich hingeben, groß, erhaben sind. Nuancen dieser Schrecklichkeit bieten Motorzweiräder und Lastwägen, an Lärm Steigerung.

Hölle auch, weil ganz das Menschhafte verschwindet; in einem Auto, in jedem Auto sitzt freilich ein *Mensch*, vielleicht ein netter, und er mag seine guten Gründe haben, warum er fährt. Die Straße zerstört oder verhindert in Vollendung diese Sicht, sie präsentiert und stärkt das Anti-Menschhafte (und schwächt das Individuelle, Persönliche, Versöhnliche). Durch die Straße wird dem Betrachtenden das Sehen des Menschhaften zur Herkulesaufgabe, nein, zur unbezwingbaren Angelegenheit – und er mag hier bisweilen jene typische, postmoderne Absurdität empfinden. Da erlangt das berühmte Wort von Camus, das Absurde könne einen an jeder Straßenecke anspringen, seine wörtliche Bedeutung.

Da ihre Anstrengung, die Angestrengtheit nicht zu zeigen, dieselbe potenziert, ist es geradezu ein Wunder, dass sie nicht auf der Stelle zusammenbrechen.

Behandle noch das Badengehen als Traktandum, welches du kämpfend absolvierst.

Ich habe dann und wann die Sünde begangen, mein Gegenüber zu unterschätzen, aber wie viel öfter die Torheit, ihn zu überschätzen!

„Das gibt's nur im Paradies!" – Du hast recht. Aber welcher Annäherung an es wir mit vereinter *irdischer* Kraft fähig sind, lässt du dir nicht träumen.

Der Unterbau der rationalsten Äußerungen kann höchste Emotionalität sein. Ich sah dies bei vielen, welche wähnten, ihre Ratio reingewaschen zu besitzen.

Meine vergessene Sehnsucht: von einem Menschen, den ich getroffen habe, begeistert sein.

„Wiewohl nicht begonnen
So doch zerronnen.",
sprach der das Bruchstück Sehende, der Kenner des Tragischen, der seine Machtlosigkeit Anerkennende in der alltäglichen Absurdität menschlichen Nebeneinanders.

Sie verhalten sich so zivilisiert wie Maschinen.

Sonne ist Leben – wie sollte sie nicht auch Tod sein? So können Perioden „schönen Wetters" im Hochsommer die Stadt zu einem höllischen Ort machen. Es ist aber nicht nur die Hitze, sondern auch das Übermaß an Licht und Erwartung, welchem ein Irdischer nicht gerecht werden kann. Was sind dann alle Erlösungen gegen den ersten kräftigen Windstoß und das plötzliche Verdunkeln des Himmels, nach stunden- oder tagelanger Gluthitze, als Verkünder eines Gewitters!

Was Früherer hohe Erkenntnis war, ist für mich Heutigen halbbewusste Grundvoraussetzung dafür, zu erkennen, was jene nicht einmal ahnen konnten.

Zugleich kann ich nur ahnen, in welcher Deutlichkeit sie sahen, was ich zu sehen wünsche.

Auf sich selbst sehen und auf sein Zeitalter sehen sind Schwierigkeiten ähnlicher Art und ähnlichen Grads.

In Bezug auf X markiert mein Zeitalter das Ende einer Entwicklung, auf Y den Anfang, und auf Z das Mittendrin. Abstrakt gesprochen, richtig gesprochen. Aber wofür stehen X, Y, Z konkret? Das kann ich nur unter meinen Bedingungen, die eng mit meinem Zeitalter selbst verwoben sind, sehen.

Wir führen so viele zivilisierte Stellvertreterkriege („gesellschaftliche Debatten"), und die eigentlichen Schlachtfelder werden vergessen: die des Sexuellen.

Wenn nicht jede Generation nach ihrer eigenen Wahrheit strebt, ist sie nur ein langer Arm ihrer Väter und Großväter. Wir dürfen uns mit Recht über Vater- und Großvater-Generation erheben, im Unrecht sind wir aber, wenn wir völlig und prinzipiell dichtmachen vor ihren Erkenntnissen, Erfahrungen, Zeugnissen. Wir sind stets aufgerufen, *unsere* Wahrheit aus *unserer* Zeit zu entwickeln, sollten gleichzeitig aber im Blick haben alle Relativität. Denn auch unsere „Wahrheit" mag einst von denen verworfen werden, die wir zeugen.

Wenige Einzelne – meist sind es große Leidende – empfinden den Geist einer Zeit rein, entschieden, existenziell. Sie allein sind dazu befähigt, ihn der Gesellschaft vorzuhalten.

Wozu es freilich auch Talent braucht. Houellebecq ist so einer unserer Zeit.

Es konzentriert sich auf den Einzelnen, im Einzelnen ein Problem, welches durch ihn erst zum echten, d. h. greifbaren Ausdruck kommt: Er ist der exemplarische Fall. *„Das ‚Morbide' bei Kleist, Kierkegaard und Kafka ist ebenso ihre eigene Problematik wie die anderer Menschen (...)."* (Abosch) Es ist, wo *„die persönliche Erfahrung die Sphäre des Allgemeingültigen erreicht"*, wo es *umschlägt* – ein Brenn- oder Wendepunkt, ein großer Moment des Werdens.

Es ist kaum zu glauben, dass über zwei Jahrtausende vergehen mussten, bis die drei den Menschen am besten charakterisierenden Kennzeichen ihren verdienten Platz in der Philosophie bekamen: Angst (Kierkegaard), Ekel (Sartre), Empfindung der Absurdität (Camus). Mir ist, als pfiffen heut es die Spatzen von den Dächern.

Das mit der „Krone der Schöpfung" ist ein tötender, ermattender, unproduktiv machender, schließlich gefährlicher Gedanke. Wo wir geneigt sind, uns an einem evolutionären Ruhe- oder gar Endpunkt zu sehen, sind wir gerade ganz am Anfang. Per se oder als solches ist das Bewusstsein – welches mutmaßlich den Menschen abhebt von andern Tieren – keine Errungenschaft. Das Bewusstsein ist noch wenig ausgereift (diesen Gedanken finden wir auch bei Nietzsche oder dem spirituellen Lehrer Eckhart Tolle)[6], letztlich erringt man mit ihm umso mehr, wenn man dies begreift; wenn man es zu nutzen fähig wird, wie man ein Werkzeug nutzt; oder wenn man es als Rohdiamanten ansieht, der geschliffen werden will.

Wer Bewusstsein hat, ist verpflichtet, es fortwährend in sich zu entwickeln. Wer dies nicht tut, bleibt tragisch oder lächerlich. Wer es tut, wird reich und zu Grandiosem fähig sein. Der wird eigentlich Mensch. Das Potenzial ist unendlich.

Schlichte Erweiterung der Toleranz gehöre nicht zu gesellschaftlichem Fortschritt.

Toleranz – *„pauvre stigmate de l'âge."* (Houellebecq)

„Toleranz", „Fortschritt": Im undifferenzierten Gebrauch, welcher meistens der Fall ist, sind diese Begriffe hassenswert.

Es gibt immer welche, die unverdientermaßen die Nebeneffekte gewisser Historizismen ausbaden müssen.

Auf dem Titelblatt einer Psychologie-Zeitschrift (2016): „Muss ich in allem perfekt sein?" – Nein, nicht in allem, aber 75 % sollten es schon sein.

Dieselbe Zeitschrift wirbt (2017) mit dem Titelblatt-Slogan „Wie Sie andere für sich gewinnen und Ihre Ziele erreichen". Das ist „Psychologie heute"!

Man mahnt oft, dass die Politik nicht ein Spielball der Wirtschaft sein dürfe, aber man muss heute auch mahnen, dass unser zwischenmenschlicher Umgang – dasjenige, das es noch wert sein muss, Ursprünglichkeit und Güte auf den Plan zu bringen – nicht davon vereinnahmt werde. Der Kapitalismus infiziert uns mit Ich-, Ziel-, Optimierungs- und Opportunismus-Denken: Ich soll mich gut verkaufen. – Ich bin ein Wegwerfprodukt.

Versuchst du Kind des 21. Jahrhunderts, mit der gigantischen, sich stets vergrößernden Welt des allgemeinen, lexikalischen Wissens Schritt zu halten, so hast du schon verloren. Wir müssen uns, teils aus Protest gegen den Wissensdruck, teils aus Instinkt, immer wieder dem Punkt entgegenfördern, wo wir uns fragen können, was wir ohne all jenes Wissen mit der Welt anstellen: Was vermöchten wir aus uns selbst, nackt und ursprünglich?

Wenn es durch Fortschritt in Gesellschaft und Wissenschaft ein Erreichen totaler Erkenntnis gäbe und der Mensch dafür bestimmt wäre, so würden ja alle hundert oder tausend Generationen bis dahin in einer unwürdigen Benachteiligung gelebt haben.

Wissenschaftliche Erkenntnis verändert unsere gesellschaftlichen Strukturen, unsere Technik, Medizin – aber leider viel zu wenig unser Denken.

Es gibt am Anfang des dritten Jahrtausends *bereits erlangte* wissenschaftliche Erkenntnisse (der Quantenphysik, der Neurobiologie), die unser Denken noch nicht verändert haben. Keine gesellschaftliche Entwicklung, kein Weg zur Verbesserung unseres Lebens führt aber an jenen über mikroenergetische Prozesse sowie die Funktionsweise des Gehirns vorbei. Groß sind, die sich dem Transfer (in unser aller Denken) solcher Erkenntnisse in den Dienst stellen, wie etwa Dürr und Hüther.

Wie können wir uns annähern? – Über das uns Gemeinsame, das Mensch-Sein.

Jenem Einsamen, wer sagt ihm, dass er sich wacker schlägt; dass er es spitze macht?

Jünger nannte einmal das Tagebuch das „letzte mögliche Gespräch" und bezog sich dabei auf die Lage im totalen Staat. Heute haben wir glücklicherweise eine andere politische Lage, doch der Sinn von Jüngers Wort mag unverändert gültig sein.

Man wird noch einsehen müssen, dass ein Buch zu schreiben kein Umweg der Kommunikation ist, sondern der direkteste Weg.

Dass du mit diesem und jenem gar nicht allein bist (mit dem dich zur Verzweiflung Bringenden, zur Resignation Treibenden, mit dem, bezüglich dessen du um Lösungen ringst, um Verstehen bettelst –), das erfährst du mitnichten vom Andern direkt – dem Andern, der gerade der leiblich lebende Grund für dein Nicht-Alleinsein ist. (Ob dieser Andere nun ein ferner Unbekannter oder vielleicht sogar dein bester Freund sei.) Nein, dies bleibt seltsam abgeschnitten, wird euch nicht in Gemeinsamkeit bewusst, nicht Kraft für eine verbindende oder Ausdruck einer verbindenden Kommunikation. *Dafür haben wir die Werke.* Es kann ein leiblich Toter (etwa in einem Werk des 17. Jahrhunderts) frei heraus sagen jene Dinge, die du vom Andern, einem Lebenden, niemals hörst, jene Dinge, mit denen du dich allein wähnst. Dir wird nun bewusst, dass sie viel mehr menschlich-allgemein sind als du annahmst. So kann ein Werk fungieren als Geburtshelfer zu einer raren Nähe unter leiblich Lebenden.

„Wir haben einen guten Draht zueinander": Wenn wir in Kontakt kommen, fließt Strom.

… Seine Sätze sind wie Draht, welcher jedoch seinen Zweck nicht erfüllen kann: Das andere Ende ist aus Plastik.

Geschwätz ist alles, was nicht gesprochen ist im Bemühen um das Wort, das dem Impuls aus meinem Innern am nächsten kommt und den Ort meines Gegenübers zu erreichen sucht.

Es ist ungeheuerlich, dass bereits ein einziger Satz: *„Gewöhne dich, wenn du jemand sprechen hörst, so genau als möglich hinzuhören und dich in seine Seele zu versetzen.“*, gesprochen von Mark Aurel vor über 1800 Jahren, Hinreichendes enthält, wenn man ihn beherzigte, damit mehr Verbindung, mehr Freude und Liebe zwischen den Menschen wären.

Zu Wahl und Ausdruck deines Worts sei aufgeweckt
Ein „Dankeschön!“ entspringt nicht stets aus dem Affekt.

Sich ausdrücken können, Worte finden können, ist selten.
Die es schwierig finden, können es eher.

„Das Leben ist reich an verpassten Begegnungen.", sagt Thali. – Es wimmelt davon.

Man darf sich nur aus der Nähe ein Urteil über den Andern erlauben. – Das magst du bereits wissen; es mag dir klar oder trivial scheinen. Aber immer noch läufst du Gefahr, die Schwierigkeit, in die Nähe des Andern überhaupt zu kommen, zu unterschätzen.

Das Trennende, das Getrennt-Sein ist das allen Gemeinsame. Dass dies unsere Verlorenheit bedeutet, ist trivial; dass Chance, eine kühnere Erkenntnis.

Deine Meinung? Das, was du hier mit fast pathetischem Ernst vorträgst, hat keine Bedeutung außerhalb deiner, und deine Bedeutung beweist du nicht durch das Kundtun deiner Meinung.

Sein Geist spricht sich durch seine Worte aus, seine Persönlichkeit zwischen den Zeilen.

Du willst mein Freund sein? Dann sag mir, was mir gesagt werden muss, dabei heb dich ab von allen Sagern, den mir Bekannten, den Argumentierern und Psychologen.

Freunde sind wir, beste.
Haben wir uns was zu sagen?
Bestreiten Wege wir gemeinsam?

Ein Freund ist nicht der, der dir immer das sagt, was du hören willst; er sagt nämlich zuweilen das, was du nicht hören willst – aber deshalb hat er noch lange nicht recht.
Lieb ihn trotzdem.

Freundschaft ist dasjenige, das konkret ist, d. h. sich nur in konkreten und durch konkrete Handlungen und Wirkungen ausdrückt.

Oder, wie Jaspers spricht, verbindlich und nicht ästhetisch ist.

Sieben Jahre nach Ereignis X begriff er: Nicht X war das Trauma gewesen, sondern die Abwesenheit von Tröstern angesichts X.

„Die Menschen denken über die Vorfälle des Lebens nicht so verschieden, als sie darüber sprechen." (Lichtenberg) – Dieser Satz ist wohl eine Erklärung für das leichte Entstehen der Missverständnisse, auch weist er auf die prinzipielle Schwierigkeit der Sprache hin. Schließlich impliziert er, dass Sprache bald trennend, bald einend wirkt. Jenes geschieht eben leicht (z. B. in Form von Missverständnissen) oder fast wie von alleine, ist die Richtung der Entropie; dieses ist entgegengesetzt, erfordert Arbeit, ist Arbeit.

Peter wollte dem Freund eine besondere Antwort geben; der Freund hatte ihm geschrieben und sich dabei so viel Mühe gemacht, mit so viel Geist geredet, dass Peters Antwort all dessen würdig sein sollte, doch dies gelang ihm nicht auf Anhieb und auch nicht nach weiterem, mehrmaligem Versuchen; aber er behielt sein Vorhaben im Auge, legte nur Stift und Papier für einige Tage beiseite, wusste, dass bald der Moment kommen würde, in dem die richtigen (besonderen, würdigen) Worte sich einstellten, der Moment, in dem er den Zugriff erlangte.

… Der Moment wollte und wollte nicht kommen. Es schwand auch Peters Zuversicht, und das Vorhaben, nunmehr lästig, geriet am Ende aus seinem Blickfeld: Ein für alle Mal, ohne es zu wollen, unterließ er die Antwort.

(Was sehen wir auf der anderen Seite? Jener Freund verlangte gar nicht nach der hohen Antwort. Ihm wäre ein *Zeichen*, schlicht und umgehend, wichtig gewesen. So verfiel er ins Grübeln und Zweifeln.)

Variante oder Zusammenfassung:
„Der hat eine ausführliche und niveauvolle Antwort verdient.", dachte einer, wartete auf den richtigen Augenblick zu schreiben und schrieb nie.

Hast du nichts Bedeutendes zu schreiben, sagt Hohl, so schreibe Unbedeutendes. – Sei dieses denn deshalb nicht bedeutend, weil du etwa nichts Bedeutendes erlebt habest, sich nichts verändert habe seit dem letzten Male, da ihr in Kontakt wart; oder du nichts Bedeutendes denkest und meinest? – Wenn du Anzeichen deines Menschseins lieferst, immer wieder (denn wie leicht vergisst dein fernes Gegenüber es!), wenn du einen Beitrag machst gegen das Bruchstückhafte, hin zum Ganzen deiner Existenz, zur Wirklichkeit deiner Existenz (diese Wirklichkeit misst sich nicht an jenem „Bedeutenden"!), dann ist das, was du schreibst – wie unbedeutend es dir selbst auch scheinen mag, oder wie unbedeutend du glaubst, dass es deinem Gegenüber erscheine – ganz sicher bedeutend genug, damit euer Band sich erhalte.

Macht einer sich nicht kenntlich
Strebt das Verpassen gen unendlich.

„Das ist ohnehin klar." – Es gibt nichts (im Persönlichen, im Gespräch), was *ohnehin* klar ist! Was dem Anschein nach in diese Kategorie gehört, ist in Wahrheit umso weiter davon entfernt, nicht ausgesprochen werden zu müssen.

„Überall dem Selbstverständlichen zum Wort verhelfen – das ist ein großes Geheimnis." (Morgenstern)

Dass er der Anderen bedurfte, konnte er erst im abgeschiedenen Alleinsein erkennen. Dumm nur, dass diese Voraussetzung die Unmöglichkeit einer Rückkehr einschloss.

Sag, Nächster, fühlst du dasselbe? Aber übst Zurückhaltung in deinem Ausdruck, veräußerst nicht aufgrund moralischer Prägung (Behaftet-Sein von jener alles durchziehenden, virulenten Angst)?

Sag, Nächster, *würdest* du dasselbe fühlen? Aber willst nicht hinsehen, kannst nicht standhalten während des Hinsehens?

Sag, Nächster, könntest du jemals dasselbe *mich* fragen?

„Gut, dass du das ansprichst. Da gibt's wohl ein Missverständnis zwischen uns.", schrieb sie ihm in einer E-Mail, hinzufügend: „Ich schlage vor, dass wir die Sache mal bei einem Kaffee klären."

Allerdings – das stellte sie beim anschließenden Blick in ihren Terminkalender fest – würde das vor Januar nichts.

Frei können wir atmen – aber was haben wir durch unsere Unverbindlichkeiten erstickt!

Wir haben soeben die ersten Worte gewechselt – unsere Beziehung hat bereits begonnen.

Verbreitet ist jedoch die implizite Annahme, dass eine zwischenmenschliche Beziehung *erst ab einem gewissen Punkt* bestehe (einem Zeitpunkt deutlich nach dem Wechseln erster Worte, deutlich nach der Kontaktaufnahme; oder einem durch allerlei quantitativen und qualitativen Kriterien ungefähr bestimmten Punkt: sobald man Fotos ausgetauscht hat, sobald man sich viermal getroffen hat, sobald man zweimal miteinander geschlafen hat, etc.).

Unsere elektronischen Kommunikationsmedien verschärfen, wenn nicht erzeugen, jene implizite, d. h. nicht bewusste Annahme: indem sie, obwohl die ersten Worte zwischen den zwei Menschen gewechselt worden sind, den Beginn der Beziehung *vermeintlich aufschieben*.

Es gibt einen Hauptsatz (im Künstlerischen, im Gesellschaftlichen, im Erotischen), den man aber nie endgültig wissen kann; dessen man immer wieder durch frische Erfahrung habhaft werden muss: „Der Andere ist nur ein Mensch." Jegliche Bewegung gelangt immer wieder an diesen Punkt, um dort kurz zu ruhen. Ob dies lindernd oder enttäuschend ist, hängt von den Umständen ab.

Kann uns das Folgende nicht als Bild dienen, danach wir die Bedingungen für eine gelingende Verbindung zwischen Menschen betrachten?

Zwei sehen sich einander gegenüber, zwischen ihnen besteht eine abgrundtiefe Kluft, eine Felsspalte, sie sind durch nichts Greifbares, nichts Festes miteinander verbunden, haben keinen gemeinsamen Boden, der sie trägt. Ihr tatsächlicher Abstand aber ist sehr klein, er beträgt keinen halben Meter: Die Felsspalte ist dünn. Nicht einmal ein Sprung also ist nötig, die abgrundtiefe Kluft zu überwinden – ein *Schritt* reicht, damit alle Voraussetzungen geändert seien: Getan, und schon haben sie gemeinsamen Boden, können sich berühren, können gemeinsam in eine Richtung gehen.

Eine aktive Bewegung der einen, das Zulassen (was genauso Bewegung ist) der andern Person, und alles ist neu: Man darf es Verbindung nennen. Die beiden werden, wie sie nun etwa gemeinsam schreiten, einig lachen darüber, wie *leicht* es doch war.

Kurz der Weg zwischen Herz und Wort, kurz zwischen Herz und Gebärde, kurz zwischen Ich und Du! Man darf daher staunen über all die Unterdrückungen, Verfälschungen, Verfehlungen.

Jeder verpasste, verzerrte oder versiegte Ausdruck des Herzens ist ein Tod.

Er war ganz bei sich selbst und sagte zu ihr: „Ich bin ein schwacher und bedürftiger Mensch." Sie floh.

Ich sehe und ich kenne den Großteil meiner Wirkung nicht. Sie ist zuweilen auch dort, wo ich bei dem, auf den ich wirke, gar nicht bin.

Der ich für dich als tatsächlich Anwesender bin, ist nur ein Bruchteil desjenigen, der ich durchs Alleinsein mich annähere zu sein.

„Du hättest mich sehen müssen, wie ich war, als du mich nicht sahst." (Denn *dort* liegt oftmals das Entscheidende: irgendein besonderes Lächeln, oder ein Lachen, Jubeln, ein Weinen, eine unikale Geste, ein adonischer Strahl, ein lieblich Schlafender, oder …)

Hier, und immer wieder, erklingt uns im Hintergrund das Wort Hohls: *Jeder ist mehr als das, was er wirkt.* Oder Rilkes von den schönsten, aber unbeachtet vor sich hin blühenden Gärten.

Die Scham, über ein Problem zu sprechen, kann hinreichend sein, damit man an ihm zugrunde gehe.

Die Gesellschaft kann nur diese Bestimmung haben: aufzufangen das Individuum.

Der Fakt, dass das Kennenlernen zwischen Menschen in unserer Gesellschaft nicht leicht, nicht ohne Weiteres (tagtäglich auf der Straße) geschieht, stellt gleichzeitig ein vernichtendes Urteil über diese dar.

Wenn wir beginnen, das alltägliche, immanente Leid zu sehen, es anzuerkennen und nicht zu leugnen, so kann unsere Welt menschlicher: sozialer, wärmer werden. Und wäre dies denn nicht ein verhältnismäßig einfacher Weg?

Wie mir hier, an diesem geistigen Punkt angelangt, mit einem Mal das Wesen von Schopenhauers Ethik, welche auf Mitleid fußt, aufging! Mitleid – aber nicht als moralischer Zusatz und nicht als etwas, das man gern als schwächliche Sentimentalität ansieht, sondern das Wort muss in einem ganz ursprünglichen Sinn gefasst werden, wie auch das Leid in seinem ganz ursprünglichen Sinn (und das heißt eben, dass es immanent sei) gefasst werden muss. Dieses Mit-Leid meint, dass es ein reines Bewusstsein – und zunächst nicht mehr – für das Leid überhaupt und damit für das Leid des je Andern gibt. Das Sozialer- und Wärmer-Werden geschähe auf dieser Basis gleichsam von allein.

„*Dem Mitleid wird sie* [die Mauer zwischen Du und Ich] *dünn und durchsichtig; ja bisweilen reißt es sie ganz ein (...).*"

Unsere Welt ist kompliziert genug. Deshalb müssen wir den Willen zur Einfachheit haben. Ich gebe dir einen Gruß, du grüßt nicht zurück, guckst mich nur an. Ich hatte jenen Willen, du nicht. Ist es etwa einfacher *nicht* zu grüßen?

Ein Gespräch kann reichen, damit alle Missverständnisse (alle mutmaßlich ewig währenden und absolut trennenden, zwischen ihm und ihr, zwischen Mann und Frau) aufgelöst seien.

Hörst du, wie simpel das tönt? Das Gespräch als solches ist uns *immer* sehr zugänglich, ja, es ist simpel! Auch wenn *dieses* Gespräch ein nie dagewesenes Ereignis wäre, eines, wo jedes Wort sitzt und bricht und durchdringt.

Dieses alles durchziehende Getrennt-Sein *kann* nicht wahr sein: weil es schlicht zu grauenhaft ist – und siehe da, durch die neuere Physik ist bewiesen, dass es nicht wahr ist.

Wenn es keine Materie *gibt* (Dürr), wie soll es dann Dinge, voneinander getrennte Dinge, geben?[7]

Der Gesprächspartner, den ich in meiner Sehnsucht liebe, treibt mich zum richtigen Wort, bringt mich zu dem, was ich selbst nicht für möglich gehalten habe.

Dieser weint nicht mehr. Jener weint gelegentlich, aber nur im stillen Kämmerlein. – *Vor Zeugen* weinen, darauf kommt es an.

Willst du ernten, sä geduldig
In den Acker deines Nächsten.

Imperativ wie auch Klageruf: „Man muss sich alles immer selbst sein."

Die Zeit, die du nicht habest, sie hat dich wohl – und wird einst nichts mehr von dir übrig lassen.

Wo ein Wille ist, ist auch die Zeit.

———————————

————————

Narcissus wollte einfach nur gesehen werden, und so behalf er sich.

Ist er sich seiner Schönheit je gewiss?
Verbürgte dafür doch ein Sein, ein Siegel
O schöner, doch verlorener Narziss!
Nur Scheingewissheit gibt ihm jeder Spiegel.

Das Schöne und das Böse haben ein identisches Muster der Selbstlaute.

Das Schöne ist ein Paradoxon von Vergänglichem und Unerreichbarem.

Nicht nur phonetisch nah sind sich
Das Schöne und Obszöne.

Nur verstohlene Blicke, als du aussteigst, und das Vorbei gleich besiegelt sein wird, in welchem Hemmung und Angst altbekannter Sehnsucht weichen.

Natürlich würde absolutes Chaos herrschen, wenn wir uns alle gehenließen, und am Ende wäre vielleicht der Untergang. Aber ist diese das Chaos bändigende Ordnung nicht noch gewalttätiger gegen das Leben?

Die Kontrolle, die ich in mir und meinem Nächsten gewahre, kann nichts sein als Verachtung für den Körper.

Indem du mich testest, bist du durchgefallen.

Erotische Spannung im Blickkontakt ist der Prüfstein. *Aufrichtig sein*, das heißt: in ihm standhalten.

Abstumpfung rückt manches ins rechte Licht.

Diese Frau lächelt wahllos, zwanghaft, immer! Aber ist ihr Lächeln deshalb weniger schön, weniger wirksam? Andere lächeln nicht einmal bei einem Anlass.

„Und es neigen die Weisen / Oft am Ende zu Schönem sich." – Dies heißt nicht, dass man dort zur Ruhe komme, noch, dass ich ein Weiser sei.

Er klagte die Gesellschaft an, wo die Natur anzuklagen, und die Natur, wo die Gesellschaft anzuklagen war. In der Summe stimmte es.

Aus dem Material einer Erinnerung und aus einer Sehnsucht wird die Vorstellung einer vollendeten Wirklichkeit gebastelt. Diese Vollendetheit ist eine Fortführung, logisch im Sinne von: „Man sagt B, weil man A gesagt hat."

In der Vorstellung ist der entscheidende Schuss Leben.

In der Vorstellung ist genau die richtige *Dosis* von etwas, das auch Wirklichkeit sein könnte, aber eben sehr selten oder nie ist. Es handelt sich um eine Sache von – und *nur* um eine Sache von – Quantität.

Das Schöne ohne Maß: Wenn es nicht erhebt, so demütigt es.

Schlummernde Helden. Wenn die Männer doch nur ein Mittel fänden, um aus furchtgetränkter Lähmung und Erstarrung heraus die Annäherung zu erzwingen, so wäre das neue Zeitalter bereits angebrochen.

An ihnen mich zu erfreuen, davon wollen wir nicht reden – ich kann nicht einmal *akzeptieren*, dass es erotische Menschen gibt. Inzwischen weiß ich, warum: weil ich gar nicht dafür gemacht bin. *Der Mensch ist nicht dazu bestimmt, zu akzeptieren, sondern zu schaffen.* (Hohl.)

Falle *einmal* ins Passive zurück, ins Gucken (wer läuft da vorbei), und du wirst schmerzlich daran erinnert, dass du aktiv sein, schaffen musst.

Schaffen allein ist die Bewegung, Schritt zu halten, allem Leiden zu entgegnen.

Jeder Stillstand ist ein Tod.

Prinzesschen. Wird sie angeschaut, oder glaubt sie, dass sie angeschaut werde, ist sie erst eigentlich lebendig. Ihr ganzes Sein ist das Angeschaut-Werden, also rein passiv, sie hat daher kaum Kapazität fürs Anschauen, welches ja gerade kein Passivum ist. Sie ist der Inbegriff des Unschöpferisch-Seins. Sie nährt mit die Gefahr, dass die Schönheit von Millionen von Männern vergeudet werde.

Dass Männer, die Männer schön und begehrenswert finden können, eine Verirrung der Natur seien, lässt sich nicht halten. Es handelt sich vielmehr um ein *Korrektiv* der Natur, wodurch die männliche Schönheit die Würdigung erlangt, deren sie würdig ist.

Deine Grazie ist alles, was du bist – ein enorm stabiler Zustand, aus welchem du nicht spontan herausfällst. (Mögen auch an dich gerichtete begierige Blicke, die Schönheit eines Nächsten, und andere Gefahren, daran rühren.)

Wo doch Interesse haben so einfach ist, man nichts dazu tun muss, es immer da ist: Dagegen ist Interesse *zeigen*, unter dem hemmenden Einfluss falscher Konventionen erschwert, eine echte Arbeit.

Sie werfen ihm Nahrung zu, unaufhörlich werfen sie ihm gute, frische Nahrung zu. In großer Fülle fliegt sie in seine Richtung, er aber denkt, sie sei für einen andern bestimmt, für einen, der etwa hinter oder neben ihm stünde, und sie würfen nur nicht genau. Also untersteht er sich, die Nahrung zu fangen. Er wird immer schwächer, ist nah am Verhungern. Ihm fehlt am Ende jegliche Kraft, um die Nahrung, die immer noch weiter zu ihm geworfen wird, zu fangen; indessen er nämlich erkannt hat, dass sie ihm zusteht.

Er wollte ihre Nähe und hasste sie folglich dafür, dass sie ihm stets fern, stets fremd waren. Ergab es sich einmal, dass sie sich ihm annäherten, überkamen ihn Angst und Ekel. Wer will schon gern die plötzliche Nähe eines Fremden!

Einmal gelang es mir, hindurchzusehen, durch das Tobende und das Getöse des Eros, und ich sah, dass er wesenhaft Traurigkeit ist: vielleicht nicht genau jene „allem endlichen Leben anklebende Traurigkeit", von der Schelling einmal spricht – zumindest wollen wir sie genauer formuliert haben. Diese Traurigkeit ist das Sich-Abzappelnde, letztlich Ziellos-Vergebliche, um Wirklichkeit Ringende, Vergeudet-Verschwindende, ungenügend Gewürdigte, nie uns zum Begreifen Kommende, im Gebaren großer Verbindungsmöglichkeit absolut Trennende.

Begierig, finde ich mich schon getäuscht,
Wollt' ich doch eigentlich zum Wort: wie schön du seist.

Um den Preis der Unempfänglichkeit erlangte er Anziehungskraft.

Auf den ersten Blick scheint alles gemäß einem hohen Plan, aber wie schwer erreicht die Natur ihre Ziele! Wie viele Versuche sind nötig, damit ein Tier seine Beute fängt – damit der perfekte Nistplatz gefunden wird (er muss perfekt sein) – damit zwei Menschen sich finden – damit Ei und Spermium verschmelzen – …

Das Handeln „aus Erfahrung" ist oftmals eigentlich das beschränkte.

Dazu fand ich im *Buch der Wendungen* von Brecht passend Worte darüber, wie schnell Erfahrungen sich in Urteile verwandeln, und dass wir diese für jene halten. Die echte, ursprüngliche Erfahrung ist das Maßgebende, Unerschöpfliche; das Urteil nutzt das Reale ab und verengt unsere Ausrichtung auf die Welt. Das ist in der erotischen Domäne besonders traurig. Das Handeln „aus Erfahrung" sind die erkalteten Herzen, die abgewandten Blicke, die halbherzigen Versuche, die niedrigen Frustrationsschwellen, die Vorurteile, Vermeidungen etc. Vielleicht legt mancher sich dies so aus: „Inzwischen weiß ich, worauf es wirklich ankommt." Weiß er's wirklich?

Das Handeln „aus Erfahrung" unterliegt nicht einer Vernunft: Eine schlechte Erfahrung vermag kaum durch ein halbes Dutzend gute Erfahrungen aufgewogen zu werden.

Über Jahrzehnte hinweg hatte er sich ein neues Lebenssystem errichtet, eine Alltagsordnung wiederhergestellt, eine Sinnüberholung vollstreckt; dann erschienen ihm, unvorhergesehener als jedes Wunder, dieses Lächeln, diese Augen, dieser Geruch, diese Wärme – und alles stürzte binnen Minuten.

„Jeder ist mehr als das, was er wirkt." Ich bin mehr als das, was ich wirke.

Einmal durch diese Erkenntnis erhoben, werde es niemals mehr etwas geben, das sie erschüttert. Man habe sie immer bei sich. Rückt sie einmal fern, so hole man sie sich in Erinnerung; man spreche sie wie ein Mantra, man manifestiere sie! Denn leichthin wird gerade im Erotischen diese deine Erkenntnis weggespült: Du willst wirken auf den Anderen, auf die Andere, du bist geneigt alles auf diese Wirkung zu setzen und alles von ihr abhängig zu machen: schließlich dein Selbst. – Welches aber *mehr* ist; es übertrifft, so Hohl, das Wirkung Gewordene um ein Vielfaches – übertrifft das, wie ich spezifizieren möchte, lächerlich-unterdimensioniert Wirkung Gewordene um ein Vielfaches (Unendliches).

Deshalb, auch, ist Eros böse.

Man tut dem Andern das an, was man einem andern Andern vorwirft, das dieser einem angetan habe.

Jeder vertritt auch die Würde seiner Gattung.
　　Eitelkeit ist immer doppelte Eitelkeit.

Sublimierung gibt es nicht. Das wäre gegen Eros' Egomanie.

Die Gesetzmäßigkeiten der Kraft des Künstlers bleiben ein Mysterium. Die Idee der Sublimierung hat etwas Anziehendes und Plausibles, sie deckt sich ferner mit den Prinzipien der Thermodynamik. Analog zu diesen, kann ich meine sexuelle Energie in einen Aphorismus umwandeln, während die Reversibilität nicht ohne Weiteres gegeben ist: Die Kunst bleibt letztlich Kunst. Ich kann also nicht, mit einem Aphorismus ausgestattet, auf eine Frau losgehen und ihn „thermodynamisch" in zusätzliche sexuelle Energie umwandeln, welche etwa einer Eroberung Vorschub leistete.

In der Banalität eines Bade-Aufenthalts: Zugleich grenzenlose Faszination und ekelbehafteten Überdruss in mir auszulösen, vermag ein halber Hintern.

Traum. Etwa zweieinhalb Dutzend Menschen waren in einem kleinen Raume eingeschlossen, lauter nacktes Fleisch zwischen 16 und 35. Anfangs versuchten sie noch reflexartig und kreischend, irgendwie die Türe aufzubrechen, doch bald taten sie, wozu sie auf diese rabiate Weise erst gezwungen werden mussten: Sie fielen übereinander her und liebten sich ohne eine Ende, ein jeder tat's mit jedem andern. Sie würden den Raum niemals wieder verlassen können, und so schritten sie dem Tod unter fortdauernder Ekstase entgegen. Aber noch in ihrer deliriösen Erschöpfung und hypoxischen Agonie wussten sie, dass es keinen besseren gäbe.

So etwas kommt einmal in zehn Jahren vor. – Und wenn es sich mit dem leisesten Hauch ankündigt, bin ich zur Stelle.

Wenn ich von weitem eine attraktive Frau mir entgegenkommen sehe, weiß ich sogleich, dass es sich um eine ausweglose Situation handelt. Denn nicht einmal deren Vergänglichkeit lindert.

Du hast mir zugelächelt. Das zeigt einen Weg auf! Einen Stichweg, oder Holzweg.

Er war so lieb, schön und erotisch – die Prostituierten verliebten sich reihenweise in ihn.

„Liebe Frau, wenn wir die Sache nicht sexuell austragen, so haben wir gar nichts mehr zu reden."

Jeder Onanist wird bisweilen Ursache und Wirkung vertauscht vorgefunden haben.

Ich weiß ja, dass ich die Freiheit dazu habe. Aber mein Handeln wird solange davon unbeeindruckt bleiben, bis wenigstens ein Anzeichen dafür bestehe, dass du seine Konsequenzen bejahst. Hier siehst du, wie bedingt noch Freiheit ist.

Von der rettenden Idee. An der Vielheit und Eigenwillig-keit der Erscheinungen ist leicht zugrunde gehen: Sie gleichen einer Walze, die das schauende und fühlende Individuum mit ungewollter Grausamkeit plattmacht. Wie nun *nicht* zugrunde gehen? – Die „allerhöchste Erkenntnis" oder die rettende Idee – ich fand einmal mehr bei Hohl etwas gesagt, wonach ich gesucht, wofür ich noch keine Worte gehabt hatte[8] –: Man kann sie nicht jenen geben, die noch gar nicht recht dasjenige Stoffliche kennen, worauf sich die rettende Idee bezieht! So sagt Hohl denn auch: „*Der Jüngling muss beginnen mit materiellem Besitz.*"

Aufstieg ja – aber wie aufsteigen, ohne ein Fundament zu haben? Einer hatte bereits die hohe Idee, ihm fehlte nur noch der stoffliche Unterbau. So marterte sie ihn. Die Idee allein ist ein gefährliches Agens, fähig aller Destruktion. (Man verstehe Mallarmés Verse: „*Vers toi, j'accours! donne, ô matière, / L'oubli de l'Idéal cruel et du Péché*")

Aufstieg ja – Stufe um Stufe, es werde langsam nach oben geschritten! Wenn eine Stufe fehlt, bleibt man verloren stehen, und droben verdorrt die Idee.

Erst dann der Idee Gehör schenken, wenn man das Stoffliche gewissermaßen satthat, nicht, wenn man noch jungfräulich danach hungert. Wenn man das Stoffliche nicht hier und da sattgehabt hat, wie will die Idee einen nähren?

Man gab den überhitzten Jünglingen Plato zu lesen, und sie machten aus den Büchern ein Feuer.

„Gönne dem Knaben zu spielen, in wilder Begierde zu toben: / Nur die gesättigte Kraft kehret zur Anmut zurück."

– Gönne dem Jüngling das Stoffliche, gib ihm wonach er begehre / Erst wenn er's leibhaftig hat, öffnet er sich der Idee.

Nichts als heiße Luft
– An der ich mich verbrenn'.

Ich hass' dich. Aber du brauchst bloß mit den Fingern zu schnippen, damit ich dich liebe.

Sie gaben ihm Nahrung, schlechte. Und jetzt mögen sie ihn nicht riechen aufgrund übler Ausdünstungen.

Gestaltet aus dem Bösen –
… Doch wirst auch du verwesen.

Das Böse ist das Unbekannte; das Böse sind also erst recht die Mechanismen, die dafür sorgen, dass es unbekannt bleibt.

Das Sexuelle ist ein ewiges Residuum; das ist genau die Qual, die es verantwortet.

Gelebte Sexualität ist nicht alles. Aber wer sie nicht hat, dem ist sie alles.

Adonis leidet.

Ohne Gott will ich nicht sein
Drum, hohe Schönheit, sei mir Gott
Und spend mir Trost in dieser Klage:
Als Menschen hab' ich dich verloren.

WERK UND SIEG

Ich schreibe, um zu arbeiten.
Ich arbeite, um zuhause zu sein.

Max Frisch

Wenn die Feder glühte, ist mehr
geschehen, als dass sie das
Papier schwärzte.

Ernst Jünger

Heraklits $\Phi \acute{v} \sigma \iota \varsigma \ \kappa \rho \acute{v} \pi \tau \varepsilon \sigma \theta \alpha \iota \ \varphi \iota \lambda \varepsilon \tilde{\iota}$ ist einer der wenigen ewigen Sätze.[9] Goethe schlug in dieselbe Kerbe und ließ fragen, warum Wahrheit sich *hinab in tiefste Gründe* berge – ja: Warum gibt es hier überhaupt die Polarität von Oberfläche und Tiefe? Warum ist nicht alle Wahrheit oben, offen, brachliegend, und warum müssen wir mit so viel Anstrengung in die Tiefe graben, wo wir überdies selten etwas finden?

– Wie wollte die Wahrheit, wenn sie nicht unten und tief wär, wie wollte sie uns tragen?

Künstler (Werke) sind Katalysatoren.

In der Literatur ein paar Deutschsprachige und Franzosen, in der Musik ein paar Deutsche, Österreicher und Russen – und wir haben schon das Wichtigste überhaupt beisammen.

Wo Ton und Wort gemeinsam etwas aushebeln, etwas herzaubern, mich beglücken: Vierte Partita und Fünfter Spaziergang – wirksam, selig zu machen.

Jüngers Muschel
„Die bunten Muscheln, deren Schönheit uns bezaubert, ruhen in der Tiefe, sind im Seesand vergraben oder in den Klüften verborgen, und oft ist ihre Innenseite prächtiger als die Außenwand." – ist das Bild aller Bilder.[10]

Indem es Frustration überhaupt gibt, mache ich sie zum Grundstein aller Wahrheit. So ist den Frustrierten ganz besonders zu trauen! Wer hat je eine solche Größe im Denken gezeigt, einen solchen Weg durch das Denken aufgezeigt wie die Frustrierten namens Schopenhauer und Nietzsche?

Es tut dieser Größe, diesen Wegen keinen Abbruch, dass die beiden Denker in zentralen Dingen Antipoden waren: Während bei Schopenhauer die Größe im Erkennen, aber nicht Verändern, der Welt liegt, mithin das Demütige wesenhaft ist, ist Nietzsche der Philosoph des reaktionären Aufbegehrens gegen ebendieses, der Philosoph des Unmittelbaren und der großen Kreativität im Menschen.

Wenn es doch mehr solcher gäbe, die Negatives offen, konsequent, mit einer Selbstverständlichkeit und mit einer Unverrückbarkeit des Standpunktes aussprechen! (Schopenhauer zählen wir natürlich dazu, hier und da Houellebecq, auch einen Kaplan, einen Deschner. Mag mancher vor jener Negativität zurückschrecken, heilend und lindernd ist mir ihr Werk oder wie eine köstliche Speise. Denn ihr Stil ist die großartige Fassung des Negativen.)

Aus Hebbels *An die Jünglinge:*
„Leben heißt, tief einsam sein;
In die spröde Knospe drängt
Sich kein Tropfe Taus hinein,
Eh' sie innre Glut zersprengt.“

– Eine glänzende Variation zum Thema: „Man ist dazu verdammt, aus sich selbst heraus zu leben, und wenn es gelingt, wird das Leben zum Fest.“

„Zu unterscheiden ist zwischen Triumph und Erfolg.“ (Jünger) – Dies gilt insbesondere für dich, der du dein Werk fertiggestellt hast, und keinen Erfolg damit feierst. Dein Werk, das nur vor einem, *dir selbst*, bestehen muss und konnte. Dein … Triumph.

Zusammenzutragen wären alle wirklich tröstenden, d. h. direkt rettenden Worte, die ich jemals las. Von Hohl wären so einige darunter. Aber welches wäre hervorzuheben? – Dieses: *„Es gibt nur ein Übel: dass man nicht die Verbindung sieht; denn jeder ist mehr als das, was er wirkt. Wenn man nun die Verbundenheit nicht sieht, wenn man folglich jenes, das nicht hat Wirkung werden können, als verloren empfindet – und es übertrifft das Wirkung Gewordene um das Vielfache –, dann ist der Tod, und schon die dauernde Möglichkeit des Todes, eine Kalamität, die keinen Namen hat, so groß ist sie.“*[11]

Jeder ist mehr als das, was er wirkt.

Einer kämpft sich ein halbes Leben lang unter unsäglichen Anstrengungen voran, immer nah an der Resignation, schließlich resultiert entschlossen seine Bewegung in einem Punkt; das Ziel verfehlt er um eine Nuance. – Wie will er weiterleben können, wenn ihm jenes, das Hohl formulierte, nicht aufgeht?

Eines der bemerkenswertesten Worte, von einem der bemerkenswertesten Geister, Camus: *„Ce qui est remarquable dans l'homme ce n'est pas qu'il désespère, c'est qu'il surmonte ou oublie le désespoir.“* – *Oublier* le désespoir…[12]

Den Zusammenhang von Revolte und Kunst erhellt uns Camus, aber auch bei Houellebecq finden wir hier und da glänzende Formulierungen darüber, etwa in seinem Essay über Lovecraft: *„Il a réussi à transformer son dégoût de la vie en une hostilité agissante.“*[13]

Reich-Ranicki über Kraus: Er habe keine Selbstironie gehabt.[14] In jedem zweiten Aphorismus springt sie mir entgegen.

Deine auf den jeweiligen Autor ausgerichtete Lesegeschwindigkeit ist eine Größe, die mitbestimmt, ob deine Lektüre produktiv sei, du also mit dem Geschriebenen (und dem Autor) in Kontakt tretest.

> Wer langsam liest, der kann mit Jünger schwingen
> Und wer beschleunigt, Kierkegaard bezwingen.

Hohl fragt mit Recht, ob diese Angelegenheit denn bisher genug beachtet worden sei. Ich hätte zu manchem Geschriebenen (zu manchem Autor) einen besseren oder schnelleren – oder überhaupt einen – Zugang gefunden, wenn ihm eine Empfehlung, wie schnell er zu lesen sei, beigegeben gewesen wäre.

„Lass dich deine Lektüre nicht beherrschen, sondern herrsche über sie." (Lichtenberg) – Nach dieser Maxime zu leben scheint dem Jüngling genauso angezeigt wie unmöglich. Von der ungeheuren Menge an Büchern fühlt er sich beherrscht; das von ihnen Verheißene drängt ihn zur Lektüre. Unruhig hegt er die Vorstellung, es gäbe einen Zeitpunkt, zu dem er alle für ihn bedeutsame Literatur in sich aufgesaugt haben wird, gleichzeitig aber noch jung genug ist, um mit dieser Ausstattung die Welt zu erobern. – Eine naive Vorstellung. Gesetzt, er wäre überhaupt fähig, zu einem bestimmten Zeitpunkt alle für ihn bedeutsame Literatur in sich aufgesaugt zu haben, so wäre er garantiert nicht mehr jung genug. Und gesetzt selbst, er wäre jung genug, so hülfe ihm alle so gewonnene Ausstattung erbärmlich wenig, die Welt tatsächlich zu erobern.

… Denn das Gute, das du last, *hast* du es jemals? Du kannst nicht „danach leben", es nicht assimilieren – dies ist eben die naive, gar kindliche Vorstellung –, sondern das Entscheidende liegt im Moment des Lesens selbst: Kunst gibt uns kein Sein, sondern ist Werden und folglich Vergehen; vermag nicht im Ewigen zu wirken, sondern im Augenblick. Kunst verändert uns nicht, aber verändert jedes Mal.

Lebenslang also sei deine Lektüre … nicht nur ob der Menge des *noch nicht* Gelesenen, sondern auch und viel mehr, weil du nach jenem Augenblick haschst – welcher dir von ein und derselben Lektüre zigmal gegeben werden kann.

Ich fühle mich Pluto näher als Plato.

Ich las: „Als Schriftsteller ist Jünger umstritten." – Warum ist er umstritten? Weil er in bestimmten (nur einen kleinen Teil seines Gesamtwerkes ausmachenden) Werken gegen gesellschaftliche und moralische Konventionen seiner Zeit redet? Seine „höhere Verantwortung", welche er als bekannter Schriftsteller hatte, dadurch missbrauchte? Dann wäre er *moralisch* umstritten. Seine Auseinandersetzung mit dem Wort – wonach man einen Schriftsteller beurteile – war doch hervorragenden Ranges.

Sollte man denn bei Hohl einen Makel darin sehen, dass er an bestimmten (verhältnismäßig wenigen) Stellen polemisch, verachtend, gehässig, hassend war? Einen Makel, der seinen Wert als Person oder Künstler, einen Makel, der sein Werk herabsetzt?

Moralische Entgleisungen gibt es bei jedem guten Schriftsteller. Deshalb sein ganzes Werk oder seine Persönlichkeit in Frage stellen käme selbst einer moralischen Entgleisung gleich.

Wenn du Nietzsches Bedeutung und Wirkung, Nietzsches Geist dadurch in Frage stellst, dass er frustriert, verbissen, am Ende übersteigert, egomanisch, pathologisch, schließlich „gescheitert" etc. war; wenn dich all das tangiert, beeinflusst – so bist du kein guter Leser. Ebenso, wenn du Heideggers politische Haltung der 1930er und 1940er Jahre auf seine philosophischen Schriften der 1920er Jahre überträgst. Usw.

Die Bücher in meinen Regalen. Was ich nicht lesen will, besitze ich nur. Was ich immer wieder lesen will, lässt sich nicht besitzen.

Jedes Kunstwerk ist unvollständig, unvollkommen, auf seine Art notwendig und höchste Lebendigkeit. Und entspringt der Einsamkeit des Künstlers.

Das gilt schon für Gott und seine Schöpfung.

Kunst ist die einzige Möglichkeit, individuell zu sein. Man kann dies auch als eine Sehnsucht des Künstlers verstehen.

Jeder Mensch sollte erkennen, was allein ihm auszudrücken gegeben ist, es über die Jahrzehnte präzisieren und schließlich der Nachwelt als Werk hinterlassen.

Nicht jeder, der schreibt, hat etwas zu sagen. Wer nicht schreibt, hat nichts zu sagen.

Davon ausgenommen „maßgebende Menschen" (Jaspers) wie Sokrates, Jesus, Buddha.

Kunst ist Verlangsamung, Kunst ist Vergrößerung.

Ob Kunst eine Flucht sei? – Sie ist jedenfalls der sicherste Ort.

Kunst ist Kunst der Kommunikation. (Kommunikation: im engeren wie im weiteren Sinn.)

Sanft per Geleit dich hochzuführen
Das ist nicht mein Elan.
Wenn's mir gelingt dich zu schockieren
Dann ist schon einiges getan.

Kennst und erkennst du die Momente des Geistes? Sie sind, wenn plötzlich einmal deine gewöhnliche Denkweise abbricht, etwas von der gewöhnlichen Fassung (deines Systems, deines Weltbilds, deiner Erklärungen) wegbricht, abfällt, nicht mehr bestehen kann – und du neues, tieferes, spannenderes Leben hast.

Ich schreibe nicht der Nächsten wegen
Nur Briefe an den fernen Freund.
Zur Kunst gehören weite Bögen
Zu guter Letzt sind magisch zwei vereint.

Je weniger es ein Wirken von mir gibt, desto weniger gibt es eine Alternative zu meinem Schaffen, desto entschiedener werde ich an meinem Schaffen festhalten, und etwas anderes kann ich mir ja gar nicht wünschen, da jegliches Schaffen, welches nicht auf Entschiedenheit fußte, ein schlechtes wäre. Entschiedenheit ist außerdem notwendige Bedingung für Wirken, welches sich erfüllt oder nicht.

Nachträglich finde ich bei Hohl: „*Bei Widerstand des Milieus, genauer, bei totaler Wirkungslosigkeit (das ist der größte Widerstand), wird gleicherweise die Tätigkeit eines Schwachen geschwächt oder ausgelöscht, die des Starken gesteigert.*"

Hierhin gehört auch ein Satz von Hofmannsthal: *„Ein Mensch wird umso sprachgewaltiger sein, aus einer je tieferen Einsamkeit er kommt."*

Gewahre, Freund und Autor,
Es ist eine *Bedingung*, dass
das Ohr der Nächsten dir nicht ist geneigt
Wer weiß, wie schlecht im andern Fall du schriebest!

„Es gibt Leute, die gut reden und nicht gut schreiben. Das kommt, weil der Ort und die Zuhörer sie anfeuern und ihrem Geist mehr entlocken, als sie in ihm ohne diese Anfeuerung finden.", sagt Pascal.[15] – Und es gibt Leute, die gerade durch das Nichtvorhandensein von Zuhörern angefeuert werden, und gut schreiben.

„Man kann wohl sagen, dass das Geschlecht zwei Drittel aller möglichen Geistigkeit auffrisst." (Morgenstern) – Und auch im verbleibenden Drittel ist es noch ein Ringen. Von hier aus wird begreiflich, welche Leistung die Kunst ist, welcher Sieg.

Er kann jeden meiner Sätze verbessern – kann er auch ein eigenes Werk hervorbringen?

Auf die Kritik antwortete er aus seiner Sphäre: mit einem Werk.

Für jedes ungehörte Werk schrieb er drei neue.

So manche Klinge wird gewetzt an einer schärfern. Dass er mich angreift, darf mir schmeicheln.

Er menschelt in seinem Angriff gegen mich, denn dieser wird von einem warmen Neid getragen.

Die Kritik zerstörte ihn eben nur fast. Gegen seinen neuen Aufschwung unter adlerhaften Flügelschlägen ist Phönix ein Vögelein.

„La naissance du lecteur". – Das klingt vielversprechend, lieber Leser, aber du musst dich erst gewissermaßen selbst zeugen.[16]

„Was willst du mit dem Buch erreichen?" – Diese Frage ist ganz berechtigt. An den Leser.

„Wie meint der Autor das?" – Mein „Meinen" hat keine Bedeutung ohne dein Greifen. Du musst als Leser also produktiv sein.

Er fragte sich: „Wann ich wohl auffliege? Wann stürzt das Kartenhaus in sich zusammen? Wann also wird offenbar, dass ich kein Talent besitze (oder *bloß* Talent), und der Traum meiner Kunst eine Illusion ist?", und schrieb weiter, schrieb sich der Enthüllung, dem Einsturz entgegen. *„Alles Lebendige strebt nach dem Gericht."* (Hohl)

Mit Worten aus dem Raum der Worte hinausgreifen, heißt Kunst.

Das Abschließen und Veröffentlichen eines Werks ist eine Befreiung für den Künstler. Wie sonst soll er, wenn er noch länger haften bliebe, offen werden, *frei* werden für neue Formen, Schritt halten mit seiner eigenen inneren Bewegung, welche er mitnichten immer genau kennt?

„Deckel drauf, und auf zum nächsten!" – ist nicht nur pragmatisch, sondern auch weise.

Wunderbare Wörter: Ausdruck, Veräußerung. Ich bin nicht mehr das, was ich schrieb.

Das Veröffentlichen eines Werks ist der noch entschiedenere Ausdruck, die noch entschiedenere Veräußerung, und gleicht dem Hochsteigen an einer Treppenstufe, einer gewissen Schwere sich entledigend.

Ein sicheres Zeichen dafür, dass das Werk reift, ist, wenn sich sein Titel nebenbei und von alleine ergibt.

Ich vertraue der Form des Aphorismus voll und ganz: Sie entspricht sowohl meinem Denken als auch meinen Ausdrucksmöglichkeiten am besten, ich halte sie sowohl für modern als auch für ursprünglich.

Die Ursprünglichsten – Konfuzius, Heraklit – waren schon modern, sie waren Aphoristiker.

„Sexismus" im Literarischen: Das Romanhafte ist weiblich, das Aphoristische männlich.

Genese des Werks hängt zugleich mit Defizit und Überschuss zusammen.

„Ich las es nie, das, was mir auf der Seele brannte, also schrieb ich es selbst.", Motto für den Künstler.

So weit kommen, dass das eigentliche Produkt die Produktivität ist.

Gehe, junger Autor, in puncto Redlichkeit und Aufrichtigkeit erst einmal bei Montaigne, Pascal und Lichtenberg in die Schule.

Es ist nicht, dass es dem Künstler an Empfinden und Aufmerksamkeit für seine Lage fehle, wenn diese verbesserungswürdig ist. Es ist das Vertieft-Sein in sein Werk, dass er eine Arbeitsstelle erst im absoluten finanziellen Notstand sucht, die Heizung erst dann repariert wird, nachdem er längere Zeit gefroren hat.

Morgendlicher Kaffee: bringt ein zweites Erwachen des Bewusstseins, und Geistigkeit wird gleichsam sinnlich erfahrbar. Jetzt kann's losgehn.

Es gibt viele Dinge, die dringend von mir und *nur von mir – der Welt –* gesagt werden müssen. Diese Dinge entpuppen sich oft jedoch als welche, die *nur von andern – für mich –* gesagt werden können.

Ich habe viel mehr zu sagen, als was mir zu sagen gelingt. Seltsame Verschränkung geistiger Höhe und Niederung!

„Nie darf man kleinlich sein beim Streichen. ... Was nur als winziger Zweifel durchgelassen wird, mag die objektive Wertlosigkeit des Ganzen anzeigen." (Adorno) – Brüske Worte. Aber wir müssen uns nicht ängstigen, wenn wir hier und da etwas als winzigen Zweifel durchgelassen haben. Selbst bei den Größten finden sich Schwachstellen. Ich lasse mir ihr Werk nicht aufgrund einer zweifelhaften Stelle verderben. Das Streichen, gleichwohl, ist eine Kunst, die dem Hervorbringen, dem Hervorbringen im engeren Sinn, nicht nachsteht. Schließlich zu erfahren, dass es äußerst freudig und lustvoll sein kann, ist die nächste Stufe.

Die Geburt des Ideals aus einem selbst, dass jedes einzelne Wort notwendig sei – ist schon viel.

Das Löschen eines Partikels, das Verzichten auf diese oder jene Konjunktion, kann erheben.

Die Begrenztheit, mich auszudrücken, werde ich nie müde auszudrücken.

Die Angelegenheit der Sprache (des Ausdrucks) ist an und für sich ein Problem, deshalb ist jede Schilderung, genau und verantwortet, bereits Kunst.

Wenn man Gedanken und Sprache nicht bis zur Widersprüchlichkeit oder Unmöglichkeit ausreizt, hat man keinen Begriff von ihnen.

Wer nicht an dem und dem Wort zweifelt, erlangt in der Wortkunst nichts Signifikantes.

„Das kann man nicht ausdrücken." – Wohl wahr, aber man kann sich noch ein beträchtliches Stück annähern, und das ist eben die Aufgabe.

X ist wahrlich ein verflixtes Thema: Wie es mich zum Schreiben drängt, vergegenwärtigt es mir zugleich, dass ich nicht die richtigen Worte finde. X, die große Unbekannte: unmöglich, nach ihr aufzulösen.

(Vielleicht, dass in einer andern Domäne der Kunst nach X aufgelöst werden könnte, aber ich kann nicht malen.)

Du musst deinen Satz allgemein genug machen, damit er nicht eine unbedeutende Einzelheit deines unbedeutenden Lebens repräsentiere, während er speziell genug sein muss, damit er sich nicht in ebenso unbedeutender Abstraktion verloren habe. Du musst ihn so machen, damit er notwendig nur das ausdrückt, was er ausdrücken soll, ihn also, voraussehend, von denjenigen Bedeutungen freimachen, die er stillschweigend einschließt – um die es dir aber mitnichten geht.

Banalerweise musst du deinen Satz bloß so machen, wie er deinem Gedanken – den du, nehmen wir das der Einfachheit halber an, klar gedacht hast – entspricht, genau so und nicht anders. Dies zu erreichen ist meist ein langer Weg; du magst sehen, dass, je mehr du dich auf ihn einlässt, er desto länger wird. Doch das ist ganz in der Ordnung; wir nennen es die Schwierigkeit der Sprache.

Warum ich keine Prosa in längerem Zusammenhang schreibe, hat den Grund, dass aus der schlechten Prosa, die ich zu 99,9 Prozent *denke*, ab und an *ein* Satz heraussticht, der sich dann wie von selbst aufschreibt, jedoch sogleich wieder von jener Übermacht abgelöst wird.

Mein Denken ist im Wesentlichen völlig verdreckt; im Werk trage ich das Sauberste zusammen.

Erreichte Form ist der winzige Ort des Denkens, wo es nicht früher oder später destruktiv wird.

Mein Geschriebenes: ein Stoffwechselprodukt; Abgabe regelmäßig, stoßweise, gequantelt – nicht wie ein Exkrement, eher wie Kohlenstoffdioxid.

Nur um den Preis, dass du vieles verlorengehen siehst, siehst du dasjenige, das du siegreich haltest.

Meine Sorge, nicht verstanden zu werden, ist größer denn je. Dabei konnte ich mich noch nie so gut ausdrücken wie heute.

Ich *form*uliere: Ich schaffe mich an die Form heran.

Das Denken ist eine Ursuppe, in welcher ab und an sich etwas zu Organischem zusammenfügt.

Während des Formulierens sind Denken und Schreiben ständige gegenseitige Begleiter, die wechselseitig aufeinander einwirken.

Man kann sehr wohl einen Gedanken durch Schreiben fördern.

Zur Kunstfrage. „Euch aber muss es zuerst um das Wort gehen, dann wird euch alles andere dazugegeben."

Stoff, Form, Person

„Autor Y sagt doch immer dasselbe!"

– „Aber sieh, nie verliert er dabei Wortgewalt oder Inbrunst."

– „Es scheint also, bei Y wäre dieser Stoff ganz mit seiner Person verwoben!?"

– „So ist es. Ebenso wie die Fähigkeit, ihm immer neue Formen zu geben."

Solange ich für ein und dieselbe Sache immer wieder neue Sätze finde, muss es um meine Lebendigkeit sehr gut stehen.

Der Stoff an sich hat keine Bedeutung in der Kunst!

Frei nach Hohl: Die Größe des formschaffenden Künstlers kann reiner hervortreten bei dem stofflich „Grausigsten" und im Angesichte des Furchtbaren. Wenn einer formen kann, so formt er vollendet aus stofflichem Dreck.

Finden sich nicht in Kafkas Tagebuchprosa zahlreiche lehrreich-grandiose Beispiele genau dafür?

Auf die Form kommt es an, der Stoff ist beliebig.

Der Begriff der Form ist hervorragender Stoff.

Ich hätte im Leben nichts mehr zu befürchten, wenn das Ringen um Wörter eine Gleichschaltung mit Würde wäre.

Das Werk ist das einzig Zählbare. Schon jeder Satz in ihm.

Ich liebe die vollendet deutlichen und die vollendeten undeutlichen Sätze. Alles andere ist mir zuwider.

Er nimmt fast alles auf, gleich einem Allesfresser. Er kann es verwerten, assimilieren, verwandeln, Glänzendes draus machen, gleich einem Alchemisten. Er ist ein Künstler!

Von Rückmeldungen.

(1)

Sie will den Verfasser der Notizen explizit wertschätzen, schreibt: „Danke für deine Notizen, die mich teilweise wirklich berührt haben.", dann löscht sie den Nebensatz und schreibt stattdessen: „…, die mich sehr berührt haben."

(2)

Ein alter Freund: „Übrigens habe ich in deinem Buch gelesen und wollte dir schon lange schreiben, dass ich begeistert bin."

(3)

„Du kannst so gut ausdrücken, was du fühlst!" – Woher weißt du denn, was ich gefühlt habe?

„Du kannst so gut ausdrücken, dass du etwas nicht ausdrücken kannst!" – war das höchste Kompliment.

(4)

Keine Rückmeldung zum Werk, das kann alles Mögliche bedeuten – auch eine verleugnete Begeisterung.

Seine Bücher werden nicht verrissen, denn er hat keine Leser.

Fall des B. „Du liebst mich einfach nicht.", ist von gestern. Heute ist meine Enttäuschung: „Du *liest* mich einfach nicht."

Ich schreibe nicht für eine Zielgruppe, aber wer das Bejahende in meinem Werk nicht erkennen kann, gehört ihr nicht an.

Du darfst dich nicht *Leser* nennen, wenn noch nie ein Werk dich heillos entrüstet oder dir sanftmütig Gewalt angetan hat.

Schreien magst du nicht mehr können, schreiben noch sehr wohl.

Das Ohr der Welt ist klein, das mit den Wörtern eine schwierige Sache, und wenn es einmal fließt, so fließt's wie durch ein Nadelöhr.

Ich kenne einen Typ Leser: der in höchster Unruhe über den Text jagt, um einen genialen Satz zu finden; der, wenn er ihn gefunden hat, für einen Moment beruhigt, befriedigt ist und sogleich weiterjagt; dessen Ungeduld überproportional wächst mit der Anzahl Sätze, die ihn nicht belohnen, und der sehr schnell geneigt ist, das Buch beiseite zu legen und den Autor abzuurteilen; der Typ Leser, der keinen Roman lesen kann, der mehr als 250 Seiten hat; der eine pathologische Veranlagung zum Gelangweilt-Sein hat; der … ich selbst bin.

„… der mehr als 250 Seiten hat": Dadurch sind mir T. Mann, Proust und Dostojewski bis heute wesentlich ferngeblieben, was ich aufrichtig bedauere.

Schmunzeln lässt mich, was ich einmal bei Kraus las: dass er selbst *infolge einer angeborenen Unzulänglichkeit Romane nicht zu Ende lesen* könne.

Die Unvollständigkeit meines Werks ist furchtbar, das meiste geht durch die Lappen und scheint dabei das Zentralste; aber dies sagt nichts über das Wort Gewordene: Dieses ist absolut positiv.

Was wird Werk? – Zeit seines Lebens arbeitet er an seinem Nachlass.

Eines Morgens im Café, in einer produktiven Phase, komme ich mit dem Vortrefflichen nicht hinterher, und es geht mir ein Gedanke durch die Lappen: Das ist der Preis, ich bin ein Mensch. Zuhause kritzele ich ein Gedicht hin mit dem Titel *An den verlorenen Gedanken*. Der Gedanke, es später wie ein Mantra zu sprechen, gefällt mir. Vielleicht ließe sich damit ja etwas erreichen. Nach einiger Zeit schreibe ich das Mantra „ins Reine", danach lese ich es laut, und siehe da – der verlorene Gedanke erscheint.

> *Mantra: An den verlorenen Gedanken*
> Ich hatte dich!
> Du existierst, auch jetzt!
> In welchen verborgenen Dimensionen
> Schwelgst du? siechst du? wartest,
> Gefangener, du, auf dass ich dich erlöse und
> Errette, hierher ins Irdische dich hole
> Zum Wohle aller und meiner
> Am meisten.

Außer der Zeit selbst geht mir im Leben alles zu langsam, auch das künstlerische Produzieren. – Kindliche Ungeduld, aber verständliches Bedürfnis eines Künstlers nach dem Zeugnis eigener Leistung! Mit *einem* täglich vom Himmel fallenden guten Gedanken zufrieden sein – wie Hebbel gegen Ende seines Lebens sagt –, ab jetzt, und ich hätte bis zu einem Sterbealter von etwa 80 sicher 20 Tausend beisammen. Ein gutes Zeugnis.

Was du mitnimmst ins Grab, wird nie geborgen –
Schreib als stürbest du morgen.

Das Wort, wo verantwortet es hochprescht, ist alles.

So ist auch kein Themenkomplex zu breit, und schon gar nicht kommt es uns auf die große „Einheit", auf die großen Zusammenhänge und auf einen roten Faden an. Warum liebe ich denn das *Buch der Freunde*, die *Sgraffiti*, die *Nuancen und Details* oder die *Mauvaises pensées* so sehr? Weil in solchen Büchern besonders klar hervortritt, dass es auf das Wort, auf das Einzelne ohne Beiwerk, ohne Verbindendes, ohne Schwall, auf das *Vertikale*, nicht Horizontale, ankommt. Aber braucht es denn gar nichts, das bindet? – Geist allein bindet, darf binden, soll binden; Geist im Autor, Geist im Leser; Geist, der bindet und Autor und Leser verbindet.

Ich gebe dir Brocken, aber bringst du nicht Speichel,
So bleibt dir mein Werk im Halse stecken.
Küss mich, willst du meinen Speichel schmecken!

Ich habe oft das Gefühl, mein Werk wachse ohne mein Zutun, dabei ist es meine vollste und einzige Tat.

Der Vergeudung ist nur durch Schaffen entgegenzuwirken. Das ist zugleich meine Freiheit und meine Pflicht.

Mit jedem Satz mache ich mich angreifbarer. Wer schreibt, scheut die Fehde nicht.

Rätselhaft und geheimnisvoll, die Bewegungen hin zum Produzieren: Was gewöhnlich mich anwidert, lähmt und erdrückt, inspiriert mich zu gegebener Stunde.

In einer besänftigenden Umgebung wurde ich nicht besänftigt in meiner Angriffslust gegenüber dem, was meinen andauernden Kampf auf den Plan gerufen hatte. In dieser Umgebung wurde meine Angriffslust neu gerechtfertigt.

(In meiner Freude wurde mein Hass nicht negiert; ich sah ihn aus einem neuen Blickwinkel. Usw.)

Es gelingt mir dann und wann tatsächlich, aus Kot Gold zu machen. Aber das ist jeweils nur ein Anfang. Man soll nämlich das Gold nicht im Tresore vor sich hin glänzen lassen.

Die Frage ist nicht, ob ich hier und da hätte konziser sein können. Sondern, ob ich jeweils redete und nicht schwatzte.

Was ist denn die hohe Prosa anderes als ein ernsthaftes Reden zum Leser (selbst wenn dieser niemals real existierend sei)? Auf die Ernsthaftigkeit kommt es dabei eben ganz an; lesest du nun Lichtenberg, Hohl, Anders, Frisch, Gide, Jünger oder bestimmte Essays von Houellebecq – ich könnte noch weitere Autoren aufzählen –, diese Ernsthaftigkeit ist dort zu finden. Sie hat jedoch nichts mit Strenge im moralischen Sinn, nicht ansatzweise etwas mit Verbissenheit oder Angestrengtheit zu tun. Sie ist nah der Heiterkeit und aller Liebe. So ist wiederum – nach einem Ausspruch Dávilas – der Prosa zu misstrauen, die nicht lächelt. – Nicht ernsthaft lächelt.

_____

_____

Das Schlendern durch die Universitätsbibliothek unterliegt einer krassen Ambivalenz: erhebend ob der Verfügbarkeit des Geistes und der Kunst, erniedrigend ob der Unmöglichkeit eigenen Rangs.

Für den großen Wurf eine Hand opfern.

Auch solchen philosophischen Positionen, die nicht (mehr) haltbar sind, können immer wieder neue, konstruktive Denkimpulse entspringen. Sie beinhalten also ein unvergängliches Moment. Ein Beispiel ist die Sartresche Position, der Mensch sei vollkommen frei.

Ich bin keineswegs der Überzeugung, der Mensch sei vollkommen oder wesentlich frei, aber hin und wieder kann es notwendig sein, diese Position *experimentell* einzunehmen.

Die nicht in die Welt passen, tragen eben eine eigene in sich. Für den Künstler ist es Aufgabe, erstere sich dienlich zu machen.

Kunst ist kein Ausweg, aber ein Weg.

Das Überzeugende braucht keine Inszenierung. Das Mächtige kennt die Selbstvergessenheit. Im Vordergrund ist selten das Wichtigste.

Die Bühne des Sexuellen ist der Alltag – es tritt dort in erschütternder Banalität auf, darin besteht gerade seine Brutalität.

Im *piano* erklingt, im *Nebensatz* spricht sich aus das Höchste oder Ergreifendste. Die größte Wirkung liegt im Mit-Dabei.

Gewalt sei nicht in deinem Stil, dein Stil sei gewaltig.

In deinem Ausdruck seien Reinheit und Härte vereint, wie im Diamanten.

So oft Eros die Kunst tilgt, sie erhebt immer *einmal mehr* sich zu neuer Würde: im Wort, im Ton.

(Eros kann nicht sprechen oder singen; er stammelt, krächzt, stöhnt, brüllt.)

Natürlich kann man sich in den Wahn (Wahnsinn) hineinschreiben. Aber wäre mancher denn, wenn er nie geschrieben hätte, gesund geblieben?

Wenn er nicht denkt, er sei der Größte (der Retter, Auserwählte, Vorreiter, Beispielhafte), würde er sogleich zugrunde gehen.

Es gibt historische Fälle, die davon Zeugnis geben. Es sind welche darunter, die wir heute groß finden.

Die Erschlaffung ist, neben dem Wahnsinn, die größte Gefahr für den einsamen Künstler.

Ich denke an das große Vorbild Hohl, welcher auch *im Körperlichen*, durch, wie er es nannte, „culture physique", der Erschlaffung entgegenwirkte.

Rein oder nicht rein, das ist hier die Frage.

Ein Schüler, als Dichter nicht ohne Talent, zu seinem Meister: „Ich liebe ja unreine Reime, aber meistens ändere ich meine Verse um zugunsten reiner Reime. Dies, um den dilettantischen Lesern entgegenzukommen, die sonst keinen Reim erkennten!"

Daraufhin der Meister: „Über Reinheit sollten wir in der Tat reden – unrein ist deine Kunst, und zwar darin, jenen Lesern entgegenzukommen."

Eines Tages, plötzlich, sah ich keine klare Linie mehr zwischen dem „Künstler" und dem „andern" (beim Fahren mit dem Fahrrad durch eines der zahlreichen unbekannten, unbedeutenden Dörfer in meiner Umgebung; beim Anblick all der Häuser): Alles, was ein Mensch schafft; das aus harter Arbeit Hervorgehende, aus einer den Alltag ausfüllenden Arbeit; jedes Lebenswerk – ist eben auch Werk, und als solches nicht klar abzugrenzen vom Werke desjenigen, der schreibt, malt, komponiert.

Auch hinsichtlich der Vergänglichkeit oder Unvergänglichkeit: Ein schönes Haus könnte viele Generationen beglücken, es könnte länger bestehen als ein gelungenes literarisches Werk.

Bei dem und dem Großen fand er, dass sein eigenes Denken in Ordnung ist.

Ich lese die ersten Zeilen des Buches *Die Lust am Text* und muss mich sogleich aufregen, weil der Autor den – schwierigen – Begriff „Lust" nicht definiert. Weiter unten finde ich tatsächlich die ersehnte Definition – der Autor lässt mich nicht hängen! Dies ist *meine* Lust am Text. Lustvoll lese ich weiter.[17]

Wie sollte ich den nicht genial nennen, der es schafft, mich zu berühren?

Er entdeckte in seinem Meister Schwäche, und ward ein noch besserer Schüler.

Du strebst nach Größe? Du bist bereits groß, wo dein Streben redlich arbeitsam ist.

„Letztlich wollte X zu viel.", lässt sich Jahrzehnte und Jahrhunderte später leicht sagen, Relativierungen treten ein, und eines X Leistung wird geschmälert. – Wie will einer, frage ich, Bedeutendes (Bleibendes; in der Philosophie, Wissenschaft) liefern, wenn er nicht „zu viel" will?

Die philosophische Bewegung muss über das Ziel hinausschießen; wie wäre es auch denkbar, dass sie genau am richtigen Punkt Halt machte, denn dann hätten wir ja die endgültige Wahrheit. (Man erreicht die *eine* Wahrheit nicht punktgenau; man kann sie nicht „scharfstellen", sie bleibt unscharf – das offenbart sich, wenn wir ihr immer versessener, bis ins Kleinste und Elementarste nachspüren, sodann selbst empirisch-physikalisch: In der Elementarteilchenphysik ist die Unschärfe ein *Prinzip*.)

Wittgenstein, Heidegger, Nietzsche, Hegel, Descartes usw., und in der Psychologie etwa Freud – sie alle wollten „zu viel", wäre es aber anders gewesen, würde man heute nicht von ihnen reden.

Alle Version der Wahrheit ist angreifbar, widerlegbar, und einmal kommt der Moment, wo selbst ein Durchschnittlicher den Makel erkennen kann; – sich selbstständig emporzuarbeiten und an eine Wahrheit zu rühren (eine Version darzubieten), schaffen die wenigsten.

Ich komme ja aus der Vergänglichkeit nicht heraus, selbst wenn ich ein „unsterbliches" Werk schreibe (bilde), aber ein *auf die Idee des Unsterblichen ausgerichtetes* Tun ist allemal besser als jegliches anderes.

Kunst ist gerade dieses Tun. Sie ist ganz sie selbst, wo sie *im Bewusstsein für die Vergänglichkeit* der Vergänglichkeit trotzt; – vergeblich trotzt, im Bewusstsein für die Vergeblichkeit.

Einst finde ich das eine, eine Wort
Und Licht strahlt auf das unverlorne Leben.

Glotzen und Gaffen sind verwerflich, Hinschauen ist eine Tugend. Hinschauen ist ein *geistiger* Sinn, es meint: Standhalten, Risiko-Eingehen, Wahrheitsliebe, Ja-Sagen zum Unveränderlichen, Sehen des Bösen. Es impliziert Bewusstsein und Feinheit, beim Glotzen und Gaffen sind diese völlig vernichtet.

„Tugend" klingt moralistisch, besser ist vielleicht zu sagen, es sei eine Frage der Persönlichkeit – man hat es oder hat es nicht, wenngleich man es in Ansätzen lernen kann. Mancher kann nicht anders als hinschauen, auch wo es, in seltensten Fällen, besser wäre, es nicht zu tun.

Hinschauen ist ein Künstler-Sinn.

„Glasklare Sicht" oder „scharfer Blick" ist relativ; kann in die weite Ferne reichen, kann das Nächste erfassen. Beides ist gleicherweise schwer. Und auch mit dem geistigen Auge die Grenzen des furchtbaren Nebels, in dem man ist, identifizieren, heißt Klarsicht und Scharfblick. Kunst ist's alle Male.

Ob nun dein Denken sehr differenziert oder Klischee-behaftet sei: Es kommt auf seine *Bewegung* an (bzw. auf die Bewegung, die aus ihm hervorgehe).

Sein eigenes Ding machen ist das Schwierigste, denn es bedeutet: *immer* sein eigenes Ding machen, d. h. auch im Denken, und gerade dort rutschen wir, ohne dass wir es merken, allzu leicht ins Nicht-Eigene, und das ist vielleicht die Quelle allen Leids.

Der Künstler soll sagen, was alle Welt nicht denkt, und muss sagen, was alle Welt nur denkt.

Ein Junger hat verkündet, sein Leben in den Dienst der Schriftstellerei zu stellen. – „Aber weiß er, was er tut? Hat er denn überhaupt das Talent?", schrien Kritiker in seinem Umfeld, die ihn wohl vor einer Enttäuschung, und sich vor einer Scham bewahren wollten. Solche Kritiker denken überdies, ein Goethe wurde als Genie geboren und trug von früh auf ein äußeres Erkennungsmerkmal dafür.

Der Junge war höchst pragmatisch. Es hat ihn geleitet die Frage nach einer Lebensform. Nicht mehr, nicht weniger.

Von einer andern Seite nachdrücklich: Was ist so schwer daran zu verstehen, dass er ein Künstler ist?

Form in der Kunst: Lebensform für den Künstler.

Das, was er vom Leben wollte, war im Grunde immer nur ein ordinäres Banales. Da es ihm dieses nie gab, war er gezwungen, all das Nicht-Banale auf den Plan zu rufen.

Bei all den Lebenswerken, errichteten Gebäuden, erreichten Höhen … war er nie jemand anderes als der Junge, der sich nach Liebe sehnt.

Künstler kann man nicht werden wollen. Des Künstlers Arbeiten ist wesentlich eine innere Notwendigkeit und erfolgt unter geistigen und seelischen Bedingungen, die der Künstler selbst sich nicht gerade wünschte. Welcher hätte diese Bedingungen nicht schon einmal verflucht, welcher kennte nicht jene Sehnsucht nach den „Wonnen der Gewöhnlichkeit"?

… Jene Sehnsucht, die in *Tonio Kröger* ausgedrückt ist. *„ … das Leben"*, heißt es dort, *„ … – nicht als das Ungewöhnliche stellt es uns Ungewöhnlichen sich dar; sondern das Normale, Wohlanständige und Liebenswürdige ist das Reich unserer Sehnsucht, ist das Leben in seiner verführerischen Banalität! Der ist noch lange kein Künstler …, der die Sehnsucht nicht kennt nach dem Harmlosen, Einfachen und Lebendigen …!"* Meine Rede, der Träumer sei nicht „lebensfern"[18], sondern gerade auf solche Harmlosigkeiten, Einfachheiten, Banalitäten, Normalitäten usw. aus, schlägt in dieselbe Kerbe. Manns Novelle ist letztlich die Frage nach der Identität und dem Beheimatet-Sein des Künstlers. *„ Ich stehe zwischen zwei Welten, bin in keiner daheim und habe es infolgedessen ein wenig schwer."*, sagt Tonio Kröger zum Schluss. Kaum ein Satz hat die Sache schlichter und treffender ausgedrückt; es ist ein wahrhaft großer Satz, welcher selbst Heimat gibt.

Spricht er in einer fremden Sprache? Ist er von einem fernen Planeten? – Er spricht mit unserer Sprache. Er ist ein Irdischer. Doch er spricht von einem Punkt aus, von wo aus keiner je gesprochen hat.

„Die Notizen oder Von der unvoreiligen Versöhnung" –
Wie ist „Versöhnung" hier zu verstehen? – es geht um
eines der zentralsten Dinge überhaupt! Weder war Hohl
„versöhnt" (im Sinne einer Endgültigkeit) mit Welt und
Mensch, nachdem er *Die Notizen* geschrieben hatte, noch
könnte es ein Leser nach dem „Durchlesen" des Buches
sein (in diesem Fall müsste man es zur Heiligen Schrift
ernennen). Der Schriftsteller oder Leser ist nie endgültig
versöhnt; Versöhnung meint hier etwas immer wieder
neu zu Erzeugendes – *wie* kann sie erzeugt werden? Eben
durch das Schreiben (oder Lesen) selbst, im Prozesshaf-
ten, im fortwährenden Arbeiten des Künstlers; sie ist Re-
sultat und Motto jedes Kunstwerks, ja jedes Bausteins ei-
nes Kunstwerks! Was ist denn der Kunst Triebfeder? Die
Wirklichkeit. Kunst ist das Erfassen einer Wirklichkeit
durch eine eigene Bewegung und durch eigene Worte,
dies erzeugt eine neue Wirklichkeit, welche besser ist.
Versöhnung.

Wie oft schrieb Camus: *Kunst als die korrigierte Schöpfung.*

(„Heilige Schrift": Pathetisch mag es klingen, wenn ich das Folgende an-
füge.) Nie hat ein Buch eine derart Leben verändernde Wirkung bei mir
erzielt, versöhnlich hier und da wirklich, beruhigend auch, empfangend,
„Du bist nicht allein" sagend, mich entwickelnd, fördernd. Es ist ein
Buch, auf das ich immer wieder *zurückkomme*, ich kann dort Dinge nach-
schlagen, nachlesen, oder Rat suchen, ich kann Besinnung und Gesin-
nung erlangen, es enthält Mantra-Artiges. Ich kann immer lernen und
aufs Neue staunen. Oder mich schlicht unterhalten lassen. Es passt in die
meisten Lebenslagen hinein. Es kann Geborgenheit geben. Es hat mich
mehr als einmal, was Meditation, Sport oder Onanie gerne vermöchten,
physiologisch beruhigt. Es ist dick und (in der 2014er-Ausgabe bei Suhr-
kamp) als Dünndruck gebunden. *Die Notizen* sind für mich eine Bibel.

„Ich bin getröstet!", schrieb Johannes Brahms nach dem Vollenden des Deutschen Requiems. Sich selbst mit dem Vollenden eines Werks trösten, das ist weise und pragmatisch. Tröstet das Werk auch den Rezipienten, kann man mehr nicht wollen.

Was das Wort (mein Wort, das eines Künstlers, …) sein soll – wie es sein soll, was es erwirken soll –, das fühlte ich am deutlichsten und lebendigsten jenes eine Mal *während des Hörens eines musikalischen Werks* – Beethovens fünften Klavierkonzerts, dieser 40 Minuten durchgehender, rührender Erhabenheit –, und dies war höchste Stimmigkeit, Erleuchtung, Befriedung.

Wir brauchen die Großen, denen wir vertrauen, die uns den Weg weisen, auch hin zu andern Großen.

Während Hohl selbst für mich ein Zufallsereignis war (etwa wie Stendhal für Nietzsche – *„einer der schönsten Zufälle meines Lebens"*), kam ich durch ihn Valéry, Gide, dem Aphoristischen Goethes, auch Lichtenberg, Hebbel, Heraklit, und nicht zu vergessen Kraus näher. – Großen, die mich wiederum prägten, die ich anderweitig, wenn überhaupt, erst lange später kennengelernt hätte.

Es kann einer dieselbe (oder eine höhere) geistige Leistung wie Sokrates erbracht haben, aber historisch unbekannt, unberühmt bleiben (Hohl). Wenn der arbeitende Künstler ständig seine mögliche historische Wirkung im Blick hat, ist er entweder nichts oder muss er angesichts ihrer Unmöglichkeit verzweifeln. Was soll er tun? Er will doch etwas erreichen! Ja, aber er muss im Blick haben seine Arbeit, sein Produzieren, und er muss einen Sinn haben für die Demut, die der „Welt" die Macht über jene historische Wirkung zuschreibt und zugesteht. Dies ist zugleich der Sinn für die Größe seines Produzierten und seines Produzierens, selbst wenn das Produzierte unbekannt bliebe. Was er dann – *dann* (es ist ein zeitliches, aber vielmehr ein mentales Danach) – im Äußeren erreicht (Äußeres: historische Wirkung, Erfolg, Ruhm), ist bloß die Fortsetzung, bloß der Auswuchs von etwas, das er schon erreicht hat.

Ebner-Eschenbach: *„Der Künstler hat nicht dafür zu sorgen, dass sein Werk Anerkennung finde, sondern dafür, dass es sie verdiene."* Kafka: *„A. ist ein Virtuose und der Himmel ist sein Zeuge."* – und des Weiteren wären viele Stellen von Hohl zu zitieren.

Ob das Werk jemals Anerkennung finde, hängt zudem von allerlei Willkürlichem oder Zufälligem ab. Max Brod veröffentlicht nach Kafkas Tod dessen Werk – entgegen Kafkas Vorgabe. Ein Großteil von Heraklits Werk überlebt den Lauf der Zeit nicht und geht für immer verloren. Solche Dinge lassen einen erschauern. Die Liste ist lang.

Dass das Werk dauere, sei nicht die Frage, sondern: dass es überhaupt lebe; dann hat es auch die Chance, zu dauern.

Was alles auf der Strecke bleibt! Was du alles leichthin, oder schweren Herzens, verwirfst! … Unsichtbar und fast vergessen trägt es dein Werk.

Kein Werk (welches bezeugt), kein Denk- oder Grabmal (welches erinnert) wird überdauern.

„Wir müssen von der vollkommenen Vergänglichkeit des Werkes ausgehen. ‚Bleiben' kann nur der innere Vorgang; er ist mit der Schöpfung verbunden und unvergänglich in ihr." (Jünger)

„Wir müssen es aussprechen, dass das Wesen der Schönheit nicht im Wirken liegt, sondern im Sein. Es müssten sonst Blumenausstellungen und Parkanlagen schöner sein als ein wilder Garten, der vor sich hin blüht irgendwo und von dem keiner weiß." (Rilke)

„Travailler n'est pas seulement pour produire des ouvrages, c'est pour donner du prix au temps." (Delacroix)

„Auch in den uns unbekannten Maximen Heraklits bestätigt sich die Weltordnung." (Jünger)

Diese vier Aussprüche sind Troststoff und Denkgerüst in Anbetracht aller versiegenden oder ausbleibenden Wirkung, aller unbekannten oder unbelohnten Anstrengung, allen verlorenen oder vergänglichen Zeugnis.

ANHANG

Anmerkungen

1

Aus dem Essay „Ansätze für wirre Zeiten", zuerst veröffentlicht 1997, danach in den *Interventions* (Houellebecq, *Interventionen*, 71/72, DuMont 2016). Übersetzung von Hella Faust. Die Textstelle lautet im Original: *Minés par la hantise du « politically correct », éberlués par un flot de pseudo-informations qui leur donnent l'illusion d'une modification permanente des catégories de l'existence (on ne peut plus penser ce qui était pensé il y a dix, cent ou mille ans), les Occidentaux contemporains ne parviennent plus à être des lecteurs ; ils ne parviennent plus à satisfaire cette humble demande d'un livre posé devant eux : être simplement des êtres humains, pensant et ressentant par eux-mêmes.*

2

Valéry notiert in seinen Cahiers (VI, 1916): *La spécialité m'est impossible. Je fais sourire. Vous n'êtes ni poète, ni philosophe, ni géomètre – ni autre. Vous n'approfondissez rien. De quel droit parlez-vous de ceci à quoi vous n'êtes pas exclusivement consacré ? Hélas, – je suis comme l'œil qui voit ce qu'il voit. Son moindre mouvement change le mur en nuages ; le nuage en horloge ; l'horloge en lettres qui parlent. – C'est peut-être là ma spécialité. Ma spécialité, c'est mon esprit. Il se connaît comme vous connaissez, – vous, la famille des phénols; vous, les anomalies des conjugaisons doriennes; et vous, la théorie des formes quadratiques.*

„Ma spécialité, c'est mon esprit" – „Meine Spezialität, das ist mein Geist" – ist eine Absage an thematische Einschränkungen oder an sogenannte Expertise. Kunst ist ein Reden, aber kein Über-etwas- oder Von-etwas-Reden.

3

In einem Gespräch mit Valère Staraselski, zuerst veröffentlicht 1996, danach in den *Interventions*, sagt Houellebecq: *Si l'art parvenait à donner une image à peu près honnête du chaos actuel, je crois que ce serait déjà énorme ; et qu'on ne pourrait vraiment rien lui demander de plus. Si l'on se sent capable d'exprimer une pensée cohérente, c'est bien ; si l'on a des doutes, il faut également en faire part. A titre personnel, il me semble que*

la seule voie est de continuer à exprimer, sans compromis, les contradic-
tions qui me déchirent ; tout en sachant que ces contradictions s'avére-
ront, très vraisemblablement, représentatives de mon époque.

In der Übersetzung von Hella Faust: „Ich glaube, dass es bereits enorm
wäre, wenn es der Kunst gelänge, ein halbwegs ehrliches Bild vom ge-
genwärtigen Chaos zu geben, und dass man nicht mehr von ihr verlangen
kann. Wenn man sich in der Lage fühlt, einen sinnvollen Gedanken aus-
zudrücken, ist das gut. Wenn man Zweifel hat, muss man sie ebenfalls
mitteilen. Was mich betrifft, habe ich den Eindruck, dass es nur einen
einzigen Weg gibt: die Widersprüche, die mich zerreißen, weiterhin kom-
promisslos zum Ausdruck zu bringen, da sie sich für meine Zeit sehr
wahrscheinlich als repräsentativ herausstellen werden." (Houellebecq,
Interventionen, 88, DuMont 2016)

4

Heraklits Fragment Nr. 123, übersetzt etwa: „Die Wahrheit liebt es, ver-
borgen (im Hintergrund) zu bleiben." Siehe auch S. 103.

5

„Si je me promène …" – Dieser Satz kommt am Anfang von Houelle-
becqs Roman *Die Ausweitung der Kampfzone* (*Extension du domaine de
la lutte*, 1994) innerhalb eines Gedichts vor und lautet frei übersetzt etwa:
„Wenn ich mit (halb-) nacktem Arsch herumlaufe, will ich nicht verfüh-
ren."

6

Siehe Nietzsche, *Die fröhliche Wissenschaft*, Aphorismus 11.
Siehe Tolle, *Jetzt! Die Kraft der Gegenwart.*

7

Vgl. den Satz von Dürr, Schüler Heisenbergs: „Es gibt keine Materie!",
welcher in seinen Schriften und Vorträgen vorkommt. Der Physik seit
Mitte des 20. Jahrhunderts nach muss die Wirklichkeit als *Potenzialität*,
nicht Realität (im Sinne von Dinglichem, Stofflichem, Greifbarem), ver-
standen werden.

8

Hohl, *Die Notizen*, XII 70 („Die schönsten Beine")

9
Siehe Anmerkung 4.

10
Jünger, *Das Spanische Mondhorn*, 23.

11
Hohl, *Die Notizen*, XI 6
Siehe auch S. 81 und S. 93.

12
„Das Bemerkenswerte am Menschen ist nicht, dass er verzweifelt, sondern dass er die Verzweiflung überwindet oder vergisst."
Camus, *Tagebücher*, Oktober 1945

13
agissante ist betont. In der Übersetzung von Ronald Vouillé: „Es ist ihm [Lovecraft] gelungen, seine Verabscheuung für das Leben in *greifbare* Feindseligkeit zu verwandeln." (Houellebecq, *Gegen die Welt, gegen das Leben*, 120, DuMont 2016)

14
In der Frankfurter Allgemeinen Sonntagszeitung vom 4.12.2005 sagt Reich-Ranicki in einem Interview über Kraus: *Eitelkeit und Geltungssucht dieses Schriftstellers kannten keine Grenzen, sein Ehrgeiz wurde nur von seiner Selbstgerechtigkeit übertroffen. Er war nie imstande oder auch nur bemüht, sich selber, sein Werk und seine Funktion kritisch zu sehen. Nie wollte er einen Irrtum zugeben, nie seine (oft haarsträubenden) Ansichten korrigieren. Er war geistreich, doch nur selten einsichtig und vernünftig. Er hatte viel Witz und wenig Humor. Scharfsinn war ihm gegeben, aber keine Weisheit. Sein Spott und seine Ironie waren so zielsicher wie aggressiv. Doch das, was man bei den Satirikern der Weltliteratur stets findet, sucht man bei ihm vergeblich: Selbstironie.*

15
In der Übersetzung von Ulrich Kunzmann (Pascal, *Gedanken*, 341, Reclam, 1997). Der Aphorismus lautet im Original: *Il y en a qui parlent bien*

et qui n'écrivent bien. C'est que le lieu, l'assistance les échauffe et de leur esprit plus qu'ils n'y trouvent sans cette leur.

16
„La naissance du lecteur" („Die Geburt des Lesers") bzw. *„La mort de l'auteur"* („Der Tod des Autors") bezieht sich auf einen Werk-Titel bzw. ein literaturtheoretisches Konzept von Barthes.

17
Die Lust am Text (*Le plaisir du texte*, 1973) von Barthes

18
Siehe S. 18.

Hinweis: Bis auf die Seiten 49, 77, 113, 147 beginnt auf jeder Seite ein neues Stück.

Verweise

Abosch, H. *Simone Weil zur Einführung*

Adorno, T. *Minima Moralia*

Aurel, M. *Selbstbetrachtungen*

Brecht, B. *An die Nachgeborenen* (Gedicht)

Camus, A. *Tagebücher*

Dávila, N. G. *Aphorismen*

Delacroix, E. *Tagebücher*

Deschner, K. *Aphorismen*

Die Bibel, Einheitsübersetzung

Ebner-Eschenbach, M. *Aphorismen*

Frankl, V. E. *Das Leiden am sinnlosen Leben*

Frisch, M. *Aus dem Berliner Journal*

Goethe, J. W. *West-Östlicher Divan*

Hölderlin, F. *Socrates und Alcibiades* (Gedicht)

Hofmannsthal, H. *Buch der Freunde*

Hohl, L. *Die Notizen*

Hohl, L. *Nuancen und Details*

Hohl, L. *Von den hereinbrechenden Rändern. Nachnotizen*

Houellebecq, M. *Rester vivant*

Jaspers, K. *Die großen Philosophen*

Jaspers, K. *Philosophie II. Existenzerhellung*

Jünger, E. *Epigramme*

Jünger, E. *Siebzig verweht III*

Kafka, F. *Die acht Oktavhefte*

Kaplan, H. *Leben, Lieben, Leiden*

Kraus, K. *Von Humor und Lyrik* (Essay)

Lichtenberg, G. C. *Sudelbücher*

Mallarmé, S. *L'Azur* (Gedicht)

Mann, T. *Der Tod in Venedig*

Morgenstern, C. *Aphorismen*

Nietzsche, F. *Götzen-Dämmerung*

Rilke, R. M. *Über Kunst* (Essay)

Schelling, F. W. J. *Über das Wesen der menschlichen Freiheit*

Schiller, F. *Die Geschlechter* (Gedicht)

Schopenhauer, A. *Parerga und Paralipomena II*

Thali, P. *Heimweh*

Personenverzeichnis

(Angabe der Seiten, auf denen explizit der Name des Autors, ein Zitat in Verbindung mit dem Autor oder ein Werk-Titel in Verbindung mit dem Autor vorkommt)

Abosch, H.	66
Adorno, T.	119
Anders, G.	132
Aurel, M.	72
Bach, J. S.	23, 104
Barthes, R.	114, 137
Beethoven, L. v.	144
Brahms, J.	144
Brecht, B.	41, 92
Brod, M.	145
Buddha	111
Camus, A.	62, 67, 106, 107, 143
Dávila, N. G.	132
Delacroix, E.	146
Descartes, R.	138
Deschner, K.	42, 105
Dostojewski, F.	128
Dürr, H.-P.	69, 83
Ebner-Eschenbach, M.	145
Frankl, V. E.	42
Freud, S.	138
Frisch, M.	101, 132
Gide, A.	132, 144
Goethe, J. W.	103, 141, 144
Hebbel, F.	105, 129, 144
Hegel, G. W. F.	138
Heidegger, M.	109, 138
Heraklit	45, 103, 117, 144, 145, 146
Hölderlin, F.	87
Hofmannsthal, H.	113, 130
Hohl, L.	9, 50, 76, 81, 89, 93, 97, 106, 107, 109, 112, 115, 124, 130, 132, 135, 143, 144, 145

Houellebecq, M.	9, 39, 48, 66, 68, 105, 107, 132
Hüther, G.	69
Jaspers, K.	75, 111
Jesus	111
Johannes	47
Jünger, E.	70, 101, 104, 105, 107, 109, 130, 132, 146
Kafka, F.	66, 124, 145
Kaplan, H.	57, 105
Kierkegaard, S.	66, 67, 107
Kleist, H.	66
Konfuzius	117
Kraus, K.	107, 128, 144
Lovecraft, H. P.	107
Lichtenberg, G. C.	75, 108, 118, 132, 144
Mallarmé, S.	97
Mann, T.	43, 128, 142
Montaigne, M. d.	118
Morgenstern, C.	52, 77, 113
Nietzsche, F.	67, 104, 109, 138, 144
Pascal, B.	113, 118
Plato	42, 97, 109
Proust, M.	128
Reich-Ranicki, M.	107
Rilke, R. M.	81, 146
Rousseau, J.-J.	104
Sade, M.	42
Sartre, J.-P.	67, 133
Schelling, F. W. J.	91
Schiller, F.	98
Schnitzler, A.	9
Schopenhauer, A.	82, 103, 105
Sokrates	111, 145
Spinoza, B.	23
Stendhal	144
Thali, P.	73
Tolle, E.	67
Valéry, P.	11, 130, 144
Wittgenstein, L.	138

FSC

www.fsc.org

MIX

Papier aus ver-
antwortungsvollen
Quellen
Paper from
responsible sources

FSC® C105338